Udo Grube

MEIN WEG ZUM BEWUSSTEN LEBEN

Spiritualität und 3 Whisky-Cola

HORIZON
bewusst leben & denken GmbH

Unter Mitarbeit von Manfred Miethe

1. Auflage 2013
Umschlaggestaltung: ReclameBüro Margret Russer, München
Umschlagfoto: ©iStockphoto
Satz: Sebastian Carl, Amerang
Druck und Bindung: C.H.Beck, Nördlingen
Printed in Germany

ISBN 978-3-942-88004-6

www.horizonworld.de

Udo Grube

Mein Weg zum bewussten Leben

Es gibt keine eine Wahrheit, denn zur Wahrheit wird das, von dem man meint, dass es die Wahrheit ist. Es gibt so viele Wahrheiten, wie es Menschen auf diesem Planeten gibt.

Es gibt keine eine Realität, denn zur Realität wird das, von dem man meint, dass es Realität ist. Es gibt so viele Realitäten, wie es Menschen auf diesem Planeten gibt.

Die Herausforderung einer zeitgemäßen Spiritualität besteht darin, den gemeinsamen Nenner all dieser Realitäten und Wahrheiten zu finden.

Dieses Buch ist all jenen gewidmet, die an sich arbeiten, um sich dem Leben zu nähern, das sie wirklich führen möchten.
Gewidmet ist es meinen Kindern Elysa und Maluna die ich sehr, sehr liebe und für die ich ein ganzes Leben da sein darf.
Auch all jenen, die mich kennen und mich unterstützen in meinem Tun und mit mir auch manchmal sehr harte Wege gehen müssen.

Mein Dank gilt all denen da draußen, die da waren, als ich den Schritt machte, von dem ich dachte, er führe ins Nichts, doch als ich ihn tat, waren im Nichts so viele Seelen, die schon vor mir dort hingegangen sind und mir zur Seite standen.

Ich danke auch all jenen, mit denen ich mich reiben durfte, und die mir zeigten, wie die Welt und ich wirklich sind.

Inhaltsverzeichnis

Einleitung

Spiritualität und drei Whisky-Cola

Warum heißt dieses Buch ausgerechnet so, wie es heisst? „Was hat Selbstfindung, Spiritualität & drei Whisky-Cola miteinander zu tun?“

Ich finde, dass das Wort *Spiritualität* – wie übrigens auch der Begriff *Esoterik* oder gewisse andere Wörter – heute einen sehr negativen Beigeschmack bekommen hat. Das Wort *Spiritualität* ist von dem lateinischen Begriff *spiritus* abgeleitet, das „Geist“ bedeutet. Daher bezeichnet das Wort Spiritualität eigentlich die „Beschäftigung mit dem Geistigen“, was für mich Beschäftigung mit dem Bewusstsein und dem Unterbewusstsein bedeutet. Spiritualität ist für mich also Beschäftigung mit dem höheren Aspekt des Lebens und mit den essenziellen Fragen, die die Menschheit seit Tausenden von Jahren beschäftigen: „Wer bin ich?“, „Woher komme ich?“ und „Wohin gehe ich?“

Warum dann aber Spiritualität und drei Whisky-Cola?

Viele Menschen, die sich bisher noch nicht mit der Bedeutung des Geistigen in ihrem Leben auseinandergesetzt haben, denken, wenn sie das Wort Spiritualität hören, sofort auch an Religion, Esoterik, Glaubensfragen und Sekten – also an eher negativ besetzte Begriffe. Ich selbst bin eigentlich kein besonders religiöser Mensch, aber für mich gehört es zum normalen Leben dazu, dass man sich mit diesem Thema beschäftigt, weil wir nun einmal ein Teil des gesamten Universums, ein Teil von Allem sind.

Wir Menschen nehmen uns ungeheuer wichtig, schauen wir aber von einem Hochhaus herunter, erscheinen die Menschen wie Ameisen, die kreuz und quer und anscheinend völlig planlos durch die Gegend laufen. Wenn man dann vom Mond auf die Erde schaut, erkennt man die Menschen überhaupt nicht mehr, sondern sieht erst einmal das Ganze, von dem wir ein Teil sind. Stellen Sie sich einmal vor, was passiert, wenn wir uns immer weiter von der Erde entfernen und immer weiter ins All hinausgehen würden. Das Spiel ließe sich unendlich fortsetzen.

Wenn wir schon ein Teil des Ganzen sind, sollten wir uns meiner Meinung nach mit diesem Ganzen auseinandersetzen und hinterfragen, wie das Ganze mit mir zusammenhängt, welchen Platz ich darin einnehme, welches Leben ich führen möchte und welches Leben mich glücklich macht. Dann stellt sich zumindest mir auch gleich die Frage, ob mein bisheriger Lebensweg der richtige war und mich dem ersehnten Ziel näher gebracht hat.

Obwohl ich dies als etwas völlig Normales und Selbstverständliches empfinde, frage ich mich trotzdem, ob ich dafür mein altes Leben wirklich komplett aufgeben muss.

Während der Jahre meiner intensiven buddhistischen Praxis kamen immer wieder dieselben Fragen auf: Ist es nicht besser, keine Partnerschaft zu haben, damit man nicht vom Wesentlichen abgelenkt wird? Ist es nicht besser, keinen Sex zu haben, damit man nicht vom Wesentlichen abgelenkt wird? Ist es nicht besser, keinen Alkohol zu trinken und kein Fleisch zu essen, damit man nicht vom Wesentlichen abgelenkt wird? All diese Dinge standen ja so in den Schriften, die Grundlage der buddhistischen Praxis zu sein schienen.

Am besten eingraben, bis nur noch der Kopf rausschaut

Bei mir entstand nach einiger Zeit der Eindruck, dass es eigentlich für die buddhistische Praxis wohl am besten wäre, wenn ich mich eingraben lassen würde, bis nur noch der Kopf rausschaut. Dann könnte ich mich endlich ungestört auf das Wesentliche konzentrieren. Wehe aber, wenn sich dann eine Mücke auf meiner Nase niederlassen und anfangen würde, mir das heilige Blut auszusaugen. Dann würde ich sie wohl totspucken müssen, um mich wieder auf meine Praxis konzentrieren zu können.

Wenn wir Teil des Ganzen sind, wie sollen wir uns dann verhalten? Soll es Einschränkungen geben, die uns einengen? Wird uns das glücklicher machen? Ich bin der Meinung, wir sollten uns so verhalten, dass wir uns wohlfühlen, und wir sollten alles, was wir tun, auf bewusste Weise tun.

In der Phase, in der ich dabei bin, dieses bewusste Sein zu erlangen, kann es durchaus hilfreich und vielleicht sogar gut sein, bestimmten Dingen zu entsagen. Ich habe selbst gemerkt, dass ich besser meditieren kann, wenn ich nur wenig gegessen habe. Ich habe in manchen Phasen meines Lebens außer Joghurt praktisch nichts mehr gegessen, zwölf Kilo abgenommen und konnte wesentlich tiefere Erfahrungen machen. Ich habe mich nicht mehr ablenken lassen und konnte leichter in den meditativen Zustand hineinfinden. In dieser Phase, in der ich sehr tiefe Erfahrungen machen konnte, war es durchaus angebracht, der Welt eine Zeit lang zu entsagen.

Bewusste Rückkehr ins Leben

Wenn man diese Erfahrungen aber gemacht hat, dann macht es für mich großen Sinn, wieder ins Leben zurückzukehren und die Erfahrungen in den Alltag zu integrieren. Für mich gehört zum Leben auch, eine Partnerschaft und Kinder zu haben und dabei bewusst zu leben, bewusst da zu sein, jede Sekunde bewusst wahrzunehmen und zu reflektieren, wie ich meine meditativen Erfahrungen in Einklang mit meinem Alltagsleben bringen kann. Das habe ich aus meiner spirituellen Praxis gelernt.

Ich gehe gern mit meinem Freund Martin M. aus H. in die Diskothek, gönne mir zwei oder drei Whisky-Cola und verbringe einen tollen Abend mit ihm. Natürlich könnte ich das auch ohne Whisky-Cola, aber es schmeckt mir halt einfach gut. Und den ganzen Abend nur Wasser trinken, finde ich ziemlich langweilig.

Ja, ich bin auf Erden!
Ja, ich darf tanzen! Ja, ich darf lachen!
Ja, ich darf Whisky-Cola trinken!

Whisky-Cola schmeckt mir ziemlich gut. Richtig zubereitet mit zwei, drei Eiswürfeln schön kalt und in der richtigen Mischung, kommt dieses Getränk für mich gleich nach dem Nektar der Götter. Wir gehen meist in unser Lieblingslokal, dem Mexikaner, und unser Barkeeper bereitet mein Lieblingsgetränk genau so zu wie ich es mag.

Für mich versinnbildlicht Whisky-Cola das Irdische, das Erdverbundene, das Dasein überhaupt. Ja, ich bin auf Erden!

Ja, ich darf tanzen! Ja, ich darf lachen und fröhlich sein! Ja, ich darf Whisky-Cola trinken!

Und so erklärt sich warum Spiritualität und 3 Whisky Cola einfach zusammen gehören.

Glauben Sie mir nichts

Glauben Sie mir kein Wort von dem, was ich in meinem Buch schreibe, denn alles, was ich schreibe, spiegelt nur mich und meine Erfahrungen wider. Es ist mein Leben, das ich hier versucht habe zu beschreiben. Ich hoffe aber, dass ich Sie durch meine Erfahrungen inspirieren kann, über Ihr eigenes Leben nachzudenken. Überprüfen Sie selbst für sich, was für Sie richtig ist und was sich gut anfühlt. Ich selbst habe ja auf meinem Weg viele Wissenschaftler, Erleuchtete und Scheinheilige getroffen, die mich inspiriert und meine eigenen Erfahrungen oftmals ins rechte Licht gerückt haben. Daher glaube – und hoffe – ich, dass meine Erfahrungen und die daraus gewonnenen Erkenntnisse für Sie ebenfalls von Interesse sein könnten.

Ich möchte Sie, liebe Leser, anregen, sich immer und überall Ihre eigene Meinung zu bilden, denn nur Sie entscheiden, was für Sie richtig und was falsch ist. Sie entscheiden, was Sie denken wollen, Sie entscheiden über sich selbst, Ihre Gedanken und Ihren Weg. Ich beabsichtige mit diesem Buch nicht, Ihr Denken in bestimmte Bahnen zu lenken oder Ihnen bestimmte Erkenntnisse aufzuzwingen, ich wünsche mir lediglich, dass Sie es mit einem offenen Geist lesen und bereit sind, sich überraschen und inspirieren zu lassen.

Ich möchte Ihnen keine Antworten liefern, die Sie dann glauben können oder auch nicht, ich möchte Sie inspirieren, sich selbst Fragen zu stellen, Dinge zu hinterfragen und mit einem wachen Geist und offenen Augen durchs Leben zu gehen. Lassen Sie sich dabei nicht von den Meinungen anderer Menschen einengen, aber seien Sie offen dafür, hören Sie ihnen zu und bilden Sie sich dann Ihre eigene Meinung.

Der Bestsellerautor Deepak Chopra hat es einmal so treffend formuliert: „Es ist nicht das Unbekannte, vor dem wir Angst haben müssen, es ist das Bekannte, das wir fürchten sollten. Das Bekannte, das sind die rigiden Muster unserer vergangenen Konditionierung. Sie halten uns in den gleichen rigiden Verhaltensmustern gefangen. Wenn wir aber in jedem Augenblick unseres Lebens in das Unbekannte treten können, dann sind wir frei. Und das Unbekannte, das ist das Feld unendlicher Möglichkeiten, das Feld reinen Potenzials, das, was wir wirklich sind."

William Arntz, der Produzent und Regisseur des Films *What the bleep do we (k)now* sagte einmal: „Es gibt nicht den einen richtigen Weg. Jeder hat seinen eigenen, das heißt es gibt sechs Milliarden verschiedene Wege."

Nur weil ich etwas für mich als richtig erfahren habe, muss es für Sie nicht auch richtig sein. Nur weil ich etwas sage, muss es nicht wahr sein. Die eine Wahrheit, die überall und immer gültig ist, die gibt es nicht. Ich zumindest habe sie noch nie gesehen.

Lesen Sie dieses Buch also bitte in diesem Geiste. Dabei wünsche ich Ihnen vergnügliche und inspirierende Momente.

Herzlichst
Ihr Udo Grube

Auf der Suche nach dem Sinn des Lebens

Die Anfänge der Selbsfindung

Ich erkannte, dass ich es nicht auf die Außenwelt schieben konnte, dass ich mich jetzt in dieser Lage befand. Ich konnte niemandem die Schuld daran geben, ich war selbst dafür verantwortlich. Mit dieser Erkenntnis kam eine große Freiheit.

Wenn ich mich in diese Lage gebracht hatte, dann konnte ich mich auch daraus befreien. Wäre ich ein Opfer der Umstände, so könnte ich nichts tun und müsste mich diesen Umständen fügen. Aber ich selbst war es, der mein Leben in diese oder jene Richtung lenken konnte.

Ich hatte mich in diese Situation hineinmanövriert, also konnte ich mich auch wieder herausmanövrieren.

„Worum geht es im Leben?" „Welchen Sinn macht das alles?" „Warum leide ich?"

Diese Fragen stellte ich mir zum ersten Mal, als ich, ausgelöst durch einen heftigen Liebesschmerz, in eine tiefe Sinnkrise gestürzt wurde. Mich beschäftigte aber merkwürdigerweise nicht so sehr die Frage, warum sich meine Freundin von mir getrennt hatte, was ich wohl falsch gemacht hatte und ob ich in Zukunft Frauen überhaupt noch trauen sollte, sondern ich wollte wissen, was es mit Schmerz und Leiden überhaupt auf sich hat und welche Antworten die Religionen auf das Thema geben. Ich wollte den Mechanismus verstehen, der hinter dem Schmerz einer Trennung steckt.

Ich fing also an, mich intensiv mit der Bibel auseinanderzusetzen, las auch andere Bücher, zum Beispiel die *Bhaga-*

vadgita, eines der heiligen Bücher des Hinduismus, sowie verschiedene buddhistische Schriften. Der Buddhismus sprach mich von Anbeginn an am meisten an, da er mir die überzeugendsten Antworten zu geben schien. So setzte ich mich also inmitten der Hölle des Leides, die ich körperlich wie psychisch durchlebte, mit den Ursachen des Leidens und dem Weg zu seiner Überwindung auseinander.

Welchen Sinn hat Leiden? Ist es blind, fällt es zufällig über uns her oder soll es uns etwas zeigen? Soll uns das Leid vielleicht dazu bewegen, unsere bisherige Lebensweise, unsere Ansichten und Verhaltensweisen infrage zu stellen? Leiden wir vielleicht, weil unsere Entscheidungen uns an einen Punkt geführt haben, an dem es so nicht mehr weiter gehen kann? All diese Fragen schwirrten mir durch den Kopf. Und für jede Antwort, die ich glaubte, gefunden zu haben, kamen mir gleich drei neue Fragen.

Welchen Sinn hat Leiden? Ist es blind, fällt es zufällig über uns her oder soll es uns etwas zeigen?

Von der ersten theoretischen Auseinandersetzung mit dem Buddhismus war es dann nur ein kleiner Schritt zur praktischen Umsetzung. Ich begann regelmäßig zu meditieren, was mir unglaublich guttat. Die Meditation wirkte sehr befreiend auf mich und es schien mir, als würde mir eine schwere Last von den Schultern fallen. Und als ich mich nach einiger Zeit auf die Waage stellte, sah ich zu meinem Erstaunen, dass die psychische Last, die von mir abgefallen war, durchaus eine physische Entsprechung hatte. Ich stellte nämlich fest, dass ich tatsächlich ganze zehn Kilo abgenommen hatte.

Ich starrte die Waage immer wieder an, vermutete zunächst einen Defekt, aber es war ja nicht zu leugnen, dass ich mich insgesamt leichter, beschwingter und lebendiger fühlte. Zum ersten Mal sah ich mit eigenen Augen, dass der Geist einen Einfluss auf den Körper hat. Und was für einen! Ich war im wahrsten Sinne des Wortes „erleichtert".

Und noch mehr als das. Ich hatte das Gefühl, mir selbst ganz nah zu sein. Zum ersten Mal spürte ich mich wirklich selbst. Anfangs konnte ich dieses neue Gefühl natürlich gar nicht einordnen, da mir keine Vergleichsmöglichkeiten zur Verfügung standen und ich noch keine Terminologie hatte, mit der ich dieses Gefühl hätte beschreiben können, aber eines wusste ich mit Sicherheit: Es fühlte sich absolut toll an!

Wege in die Krise, Wege aus der Krise

Im Lauf der Zeit klang dieses Gefühl aber wieder ab. In meiner täglichen Arbeit als Werbefilmer verschwand dieses geile Gefühl mehr und mehr. Ich arbeitete damals in der Werbung, machte Werbefilme und Werbespots. Und je mehr ich in meiner Arbeit aufging und mich von ihr vereinnahmen ließ, desto schwächer wurde das Gefühl. Mit der Zeit hörte ich wieder auf, regelmäßig zu meditieren, und verlor mich von Neuem in den Anforderungen der äußeren Welt. Und irgendwann kam das Unvermeidliche in Form der nächsten Krise.

Während dieser äußerst stressvollen Zeit hatte mein Geist meinen Körper immer am Laufen gehalten, aber nun stand ich vor einer Situation, die mich psychisch völlig aus dem Gleichgewicht brachte und zu einem vollständigen Zusammenbruch führte. Ich arbeitete damals in einer Firma mit ungefähr 60 Mitarbeitern, die ich selbst mit aufgebaut hatte. Wir arbeiteten gerade an einem größeren Projekt für das Fernsehen und mein Kompagnon, der die Mehrheit an der Firma hielt, beauftragte eine Person, die ich nicht für geeignet hielt, mit der Leitung dieses Projekts, ohne mich vorher auch nur zu fragen. Ich fühlte mich völlig von ihm hintergangen und verlor jegliches Vertrauen in ihn. Ich musste schmerzhaft erkennen, dass er mich und meine Fähigkeiten völlig anders einschätzte als ich selbst, was bei mir zu einem Zusammenbruch führte.

Ich wusste nur eines: So konnte es nicht weitergehen. Ich wollte nicht mehr von einem Termin zum anderen hetzen, ich wollte nicht mehr die Bedürfnisse anderer Menschen erfüllen und meine eigenen vernachlässigen, ich wollte nicht mehr ständig über die Grenzen meiner Leistungsfähigkeit hinausgehen, um Menschen zu beeindrucken, die mir nichts bedeuteten. Ich wollte nicht mehr! Und ich konnte nicht mehr. Das bestätigte mir auch mein Arzt, der mir dringend riet, eine Weile auszuspannen.

„Es interessiert mich nicht,
womit du dir deinen Lebensunterhalt verdienst.
Ich will wissen, wonach du dich sehnst und ob du dich traust,
der Sehnsucht deines Herzens zu folgen.
Ich will wissen, ob du bereit bist, andere zu enttäuschen,
um dir selbst treu zu sein,
ob du den Vorwurf des Verrats ertragen kannst
und deine eigene Seele nicht verrätst.“
Oriah Mountain Dreamer

Ich wollte von nun an nur noch das tun, was mir Spaß machte, und nicht mehr das, was möglichst viel Geld einbrachte. Ich wollte nur noch das tun, was mich erfüllte, und nicht mehr das, was mich erschöpfte. Ich wollte nur noch das tun, was ich für mich selbst tun *wollte*, und nicht mehr das, was ich für andere tun *musste*.

Ich kaufte mir ein Pferd, ritt durch die Gegend und schaute mir die herrliche Welt, in der wir leben, hoch zu Ross an. Und die Arbeit? Die konnte mir im Augenblick gestohlen bleiben. Und schon nach einer Woche ging es mir viel besser. Aber sofort fiel ich wieder in die alten Denkstrukturen und Verhaltensmuster zurück. Ich dachte nämlich: „Na Udo, wenn es dir so gut geht, dann kannst du ja auch wieder arbeiten gehen."

Also ging ich wieder zur Arbeit, musste aber zu meinem Entsetzen feststellen, dass Körper und Geist streikten. Ich konnte mich nicht mehr konzentrieren, ich konnte nicht mehr klar denken, ich konnte nicht mehr schreiben. Ich saß am Schreibtisch und nichts passierte! Wofür ich früher fünf Minuten gebraucht hatte, nahm nun mehr als eine Stunde in Anspruch und das Ergebnis befriedigte mich trotzdem nicht. Es ging einfach nicht mehr.

Also nahm ich mir wieder eine Auszeit von diesmal drei Wochen, in denen ich – wie man so schön sagt – völlig weg vom Fenster war. Wieder folgte ich dem Rat meines Arztes, nur die Dinge zu tun, die mir wirklich Freude machten: spazieren gehen, wandern, reiten, viel draußen in der Natur an der frischen Luft zu sein und den Kopf durchzulüften. Und plötzlich erinnerte ich mich auch wieder daran, wie sehr mir in einer anderen leidvollen Situation die Meditation geholfen hatte. Ich fing wieder an zu meditieren und nach diesen drei Wochen war ich so weit, dass ich wieder arbeiten konnte.

Auf der Schaukel des Lebens

Dann trat eine neue Frau in mein Leben, ich verliebte mich wieder, ich fühlte mich wohl, ich meditierte, ich funktionierte, aber mit der Zeit schlich sich aufgrund des äußeren Drucks und der Erwartungen anderer Menschen allmählich wieder ein ungutes Gefühl ein. Ich wusste nun aber, dass ich es in der Hand hatte, ob ich diese Erwartungen erfüllen wollte, dass es an mir lag, ob ich mich diesem Druck wirklich aussetzen wollte, aber ich war noch nicht so weit, dass ich diese theoretische Erkenntnis auch hätte umsetzen können. Ich konnte jedoch mit ziemlicher Klarheit sehen, dass wieder alles unvermeidlich auf einen Punkt zusteuerte, an dem der nächste Zusammenbruch zwangsläufig folgen musste. Ich kam mir vor wie ein Mann, der auf einem Schlitten hoch oben auf einem Berg sitzt und weiß, dass es nur abwärts gehen kann.

Tatsächlich brach die Beziehung nach sieben Jahren auseinander und die nächste leidvolle Phase folgte. Und in dieser leidvollen Phase begann ich wieder vermehrt zu meditieren, verlor dieses Mal zwölf Kilo und gewann eine ungeahnte geistige Klarheit. Und mit dieser Klarheit kam eine Erkenntnis, die mich vollkommen umhaute.

„Udo“, sagte ich zu mir, „es kann doch wohl nicht sein, dass du die Dinge, die dir guttun, immer nur dann tust, wenn es dir schlecht geht!“ Ich nahm mir vor, fortan immer die Dinge zu tun, die mir guttun, und zwar vollkommen unabhängig davon, ob ich mich in einer Krise befand oder nicht. Ich nahm mir vor, auch dann weiter zu meditieren, mich weiter vernünftig zu ernähren und mir Zeit für mich selbst zu nehmen, wenn ich mich das nächste Mal verlieben würde.

> Es kann doch wohl nicht sein,
> dass du die Dinge, die dir guttun, immer nur dann tust,
> wenn es dir schlecht geht!

Aber wie es im Matthäus-Evangelium so schön heißt: „Der Geist ist willig, doch das Fleisch ist schwach.“ Sie kennen das vielleicht ja selbst: Am Silvesterabend nehmen Sie sich vor, im neuen Jahr mehr Sport zu treiben, mehr Obst und Gemüse zu essen, weniger zu trinken, mit dem Rauchen aufzuhören und so weiter. Und was passiert dann am 3. Januar? Da marschieren die Ausreden auf, wie die Rote Armee am 1. Mai in Moskau: Auf dem Sofa ist es doch so gemütlich; Pommes schmecken doch wirklich lecker; ein Gläschen mehr kann doch wohl nicht schaden; diese eine Zigarette wird mich ja wohl nicht gleich umbringen, oder?

> Äußerlich hatte ich alles,
> innerlich fühlte ich mich leer.

Und so geschah es trotz meiner vielen guten Vorsätze wieder, dass ich mich in den Anforderungen der äußeren Welt verlor und wieder in denselben Trott hineingeriet. Als mir das bewusst wurde, habe ich meinem Kompagnon Anteile abgekauft, mich mehr und mehr von ihm getrennt und mein eigenes Ding durchgezogen. Ich wechselte ins Eventmanagement, organisierte Großveranstaltungen, machte Marketing, führte Frauenzeitschriften auf dem Markt ein, verdiente viel Geld, gewann Preise und bekam internationale Auszeichnungen. Aber wieder kam ich an einen Punkt, an dem mir klar wurde, dass ich nach Abschluss eines Projektes zwar einen dicken Scheck in den Händen hielt, aber kein ehrliches Dankeschön bekommen und keine echte Wertschätzung erhalten hatte. Äußerlich hatte ich alles, innerlich fühlte ich mich leer.

Der Fluch des Wünschens, der Segen des Wünschens

Ich verlor die Lust an dieser Art von Arbeit und *wünschte* mir mehr Zeit für mich selbst. Mir wurden die vielen Anrufe zu viel und ich wünschte mir mehr Ruhe im Büro. Mir wurden die Ansprüche der Kunden zu viel und ich wünschte mir, sie würden mich doch endlich in Ruhe lassen. Und was geschah? Plötzlich wurde mir klar, dass meine Firma kurz vor dem Bankrott stand, weil mir die Kunden weggeblieben waren. Ich hatte tatsächlich mehr Zeit für mich, ich hatte mehr Ruhe im Büro, ich wurde in Ruhe gelassen – und ich war fast pleite. Dass meine Wünsche auf so verhängnisvolle Weise Wirklichkeit geworden waren, wurde mir aber erst später bewusst.

Das mit dem Wünschen ist eben so eine Sache. Man muss sehr genau formulieren, was man sich wünscht, sonst kann es einem ergehen wie mir oder diesem Freund von mir, der sich wünschte, mit mehreren Frauen zusammenzuleben. Was geschah? Er verliebte sich in eine Frau mit vier Töchtern, die zudem noch in der Pubertät waren. Als er sie heiratete, war sein Wunsch in Erfüllung gegangen, aber nicht so, wie er es eigentlich gedacht hatte.

> Achte darauf, was du dir wünschst.
> Es könnte wahr werden.

Natürlich gab es auch einige äußere Umstände, die bedingten, dass ich kurz vor dem Bankrott stand. So wurden zum Beispiel von einem Regisseur, mit dem ich zusammengearbeitet hatte, Gelder unterschlagen, die ich bis heute nicht zurückbekommen habe. Beim Film *Der Ring des Buddha*, der übrigens von dem großartigen Schweizer Toni Hagen, dem Mitbegründer der modernen Entwicklungshilfe, handelt, zerstörte das Kopierwerk 20 Minuten des fertigen Films, wodurch unersetzliches Originalmaterial verloren ging, was einen immensen Schaden verursachte, den die Versicherung nicht bezahlen wollte. Es häuften sich viele Kleinigkeiten, die aber in der Summe eine solche Macht hatten, dass sie mich an den Rand des finanziellen Abgrunds brachten.

Aufgrund meiner Meditationserfahrung gelang es mir dieses Mal, mich aus der Situation herauszunehmen und sie quasi von außen zu betrachten. Ich schaute mir ohne emotionale Beteiligung an, was eine Insolvenz für mich und für meine Familie bedeuten würde.

Ein Experiment:
Nehmen Sie sich aus einer Situation heraus

Beginnen Sie mit etwas Einfachem. Stellen Sie sich direkt vor irgendein Objekt, sodass Ihre Nase dieses Objekt berührt. Das kann eine Blume, ein Bild, ein Schrank, ein Baum oder ein Kunstgegenstand sein.

Schauen Sie sich das Objekt nun eine Minute lang genau an. Was

sehen Sie? Sehen Sie das ganze Objekt? Sehen Sie irgendwelche Einzelheiten? Wie würden Sie das Objekt beschreiben?
Treten Sie nun einen kleinen Schritt zurück. Was sehen Sie? Sehen Sie das ganze Objekt? Sehen Sie irgendwelche Einzelheiten? Wie würden Sie das Objekt beschreiben?
Treten Sie nun drei große Schritte zurück. Was sehen Sie? Sehen Sie das ganze Objekt? Sehen Sie irgendwelche Einzelheiten? Wie würden Sie das Objekt nun beschreiben?

Mit zunehmendem Abstand gelingt es uns, mehr von dem Objekt wahrzunehmen und es in seiner Gesamtheit zu erfassen, es in seiner Beziehung zu seiner Umgebung zu sehen.
Wenden Sie diese Technik nun geistig auf Menschen und Situationen an.
Stellen Sie sich nun eine problematische Situation oder einen Menschen vor, mit dem Sie ein Problem haben. Gehen Sie in Ihrer Vorstellung ganz nah an sie oder ihn heran. Was sehen Sie? Sehen Sie die ganze Situation? Sehen Sie den ganzen Menschen? Sehen Sie irgendwelche Einzelheiten? Sehen Sie die Situation in Beziehung zu den Umständen, in denen sie sich ereignet? Sehen Sie den anderen in seiner Beziehung zu seiner Umgebung?

Das Ergebnis dieser Betrachtung war eindeutig. Ich erkannte, dass ich es nicht auf die Außenwelt schieben konnte, dass ich mich jetzt in dieser Lage befand. Ich konnte niemandem die Schuld daran geben, ich war selbst dafür verantwortlich. Mit dieser Erkenntnis kam eine große Freiheit. Wenn ich mich in diese Lage gebracht hatte, dann konnte ich mich auch daraus befreien. Wäre ich ein Opfer der Umstände, so könnte ich nichts tun und müsste mich diesen Umständen fügen. Aber ich selbst war es, der mein Leben in diese oder jene Richtung lenken konnte. Ich hatte mich in diese Situation hineinmanövriert, also konnte ich mich auch wieder herausmanövrieren.

Ich dachte daran, dass eine Situation immer einfach so ist, wie sie ist, dass wir sie aber als „gut“ oder als „schlecht“ einordnen. Eine Situation, die ich heute als „schlecht“ empfinde, kann mich aber schon morgen zu einem besseren Leben führen. Und dann wäre doch die Situation eigentlich als positiv zu bewerten – zumindest im Nachhinein.

Nachdem ich festgestellt hatte, dass ich selbst für diese Situation verantwortlich war, begann ich darüber nachzudenken, wie ich überhaupt in diese Situation gekommen war und welche Schritte mich dorthin geführt hatten, wo ich jetzt war. Schon in den Hochphasen meiner Karriere hatte ich häufig eine kleine Stimme gehört, die mir zugeflüstert hatte: „Das kotzt dich doch eigentlich alles an. Du brauchst mehr Ruhe. Du brauchst mehr Zeit für dich.“ Was ist passiert? Nun hatte ich mehr Ruhe, weil nichts mehr los war.

Schnell lösliches Karma

Nun begriff ich auch zum ersten Mal, was Karma tatsächlich bedeutet. Karma geschieht nicht irgendwann in einem nächsten Leben, Karma geschieht in jeder Sekunde unseres Lebens, denn das, was wir anstoßen, das kommt auf uns zu gerollt. Ein flüchtiger Gedanke, den wir denken, wird zu einem Vorsatz; ein Vorsatz wird zu einer Handlung und jede Handlung bringt Resultate. Manchmal sind dies die von uns erwünschten, manchmal haben unsere Handlungen aber auch sehr unerwünschte Nebenwirkungen. Wie sagte schon der römische Philosoph Cicero vor über 2000 Jahren: „Wie du säest, so wirst du ernten.“ Damit fasste er das Wesen des

Karmas in einem kurzen prägnanten Satz perfekt zusammen.

Sät man Steine, kann man nicht erwarten, Tomaten zu ernten. Um Tomaten zu ernten, muss man schon Tomatensamen säen. Und zwischendurch muss man das Unkraut entfernen, das die zarten Schösslinge sonst überwuchern würde, und die Schnecken absammeln, die die jungen Tomaten sonst fressen würden. Soll heißen: Wenn man etwas will, langt es nicht, es sich zu wünschen, sich dann aufs Sofa zu legen und den lieben Gott einen guten Mann sein zu lassen. Man muss schon etwas dafür tun.

„Achte auf deine Gedanken,
denn sie werden zu Worten.
Achte auf deine Worte,
denn sie werden zu Handlungen.
Achte auf deine Handlungen,
denn sie werden zu Gewohnheiten.
Achte auf deine Gewohnheiten,
denn sie werden dein Charakter.
Achte auf deinen Charakter,
denn er wird dein Schicksal [Karma]."
Aus dem Talmud

Karma ist kein zufällig auftretendes, blind über uns hereinbrechendes Schicksal, über das wir keine Macht und auf das wir keinen Einfluss haben. Karma lässt sich nach meinem Verständnis schlicht und einfach so definieren, dass alles, was wir tun, eine Konsequenz hat. Ein einfaches Beispiel: Studiere ich heute Medizin, werde ich höchstwahrscheinlich

Arzt werden. Trinke ich heute und in den nächsten 20 Jahren täglich eine Flasche Whisky, wird meine Leber früher oder später ihre Aufgabe nicht mehr erfüllen können. Behandle ich heute meine Frau schlecht, wird sie mich früher oder später verlassen. Habe ich heute keine Zeit für meine Kinder, werden diese höchstwahrscheinlich später keine Zeit für mich haben. Punkt! Daher der – von mir leicht abgewandelte – Spruch der goldenen Regel: „Was du willst, das man dir tu, das füg auch allen anderen zu."

Wenn ich also sage: „Ich will meine Ruhe. Mich kotzt mein Job an, ich will für diese Leute nichts mehr tun", wird mein Wunsch früher oder später in Erfüllung gehen. Karma eben. Und dann brauche ich mich nicht zu wundern, wenn ich tatsächlich für diese Menschen nichts mehr tue. Wenn ich mir keine Alternative zurechtgelegt habe, dann werde ich auch keine Alternative haben. Aber natürlich hatte ich dieses Verständnis damals noch nicht.

Aus der Finsternis ins Licht

Zum Glück ließ ich mir damals von einer guten Freundin eine Craniosacral-Behandlung geben und während dieser Behandlung geschah etwas ganz Außergewöhnliches. Ich lag auf der Liege, sie behandelte mich und vor meinem geistigen Auge tauchten dabei wahrscheinlich aufgrund meiner Meditationserfahrung laufend Bilder auf. Ich sah mir selbst zu, wie ich ins Schwarze hineinlief – in eine undurchdringliche Finsternis. Das Interessante daran aber war, dass ich mich dabei sehr wohlfühlte. Man sollte doch vermuten, dass ich Angst verspüren würde, denn immerhin ist es ja nicht gerade ein besonders lustvolles Erlebnis, in tiefste Schwärze hineinzulaufen. Aber mir hat es gutgetan.

Gedanklich stand ich also da und dachte: „Jetzt machst du noch einen Schritt und gehst noch tiefer hinein." Es wurde noch schwärzer. Diesen Prozess habe ich noch mehrmals wiederholt, und je schwärzer es wurde, desto wohler habe ich mich gefühlt. Irgendwann blieb ich in der Vision aber stehen, kratzte mich gedanklich am Kopf (Versuchen Sie das einmal! Es fühlt sich toll an.) und sagte zu mir selbst: „Mensch Udo, bist du eigentlich bescheuert? Wieso läufst du immer weiter ins Schwarze hinein?" Da kam mir eine „wirklich" verrückte Idee: „Schau doch mal, was passiert, wenn du dich umdrehst und einfach in die andere Richtung gehst."

Und in dem Moment, in dem ich mich umdrehte, schoss ich ab wie eine Rakete in ein gleißendes Licht hinein. Ich war aber irgendwie nicht die Rakete selbst, sondern der Feuerball, auf dem sie ritt. Es war ein unvorstellbar geiles Gefühl. In diesem Augenblick wurde mir zum ersten Mal richtig bewusst, was das, was ich für mich aus dem Buddhismus herausgezogen hatte, eigentlich bedeutet. Wahnsinn! Oder Erleuchtung.

Mir war sofort klar, dass ich die Richtung ändern durfte, ja musste. Ich wusste nun, dass jede Entscheidung, die ich aus tiefstem Herzen treffe, mein Leben von Grund auf verändern kann. Mir war klar, dass ich nun eine solche Entscheidung treffen würde, und dass hinterher nichts mehr so sein würde, wie es einmal gewesen war.

Eine Brücke zwischen den Welten

Ich entschied mich also zunächst einmal, keine Insolvenz anzumelden. Ich wollte mit allen Menschen sprechen, die mir helfen könnten, aus dieser Situation herauszukommen. Ich beschloss, die Firma zu sanieren. Aber die wichtigste Entscheidung, die ich an diesem Tag traf, lautete: Ich werde von nun an nur noch das tun, was mir wirklich am Herzen liegt. Mein eigenes Wohlergehen und das meines engsten Kreises hat Vorrang vor dem Wohlergehen von Kunden und Geschäftspartnern.

Interessanterweise stieß ich damit aber in meinem Bekannten- und Freundeskreis auf Skepsis, wenn nicht gar auf offene Ablehnung. „Das wird doch nie was!" „Wen interessiert es denn, was dir am Herzen liegt!" „Jetzt bist du völlig durchgeknallt!" „Du bist so egoistisch!" „Du kannst dich nicht selbst verwirklichen und auch noch Geld dabei verdienen wollen." Oder der klassische gut gemeinte Ratschlag, der stets von einem gönnerhaften Auf-die-Schulter-Klopfen begleitet wird: „Das Leben ist kein Ponyhof.... Man kann eben nicht alles haben im Leben, Udo. Du musst dich schon entscheiden, was du willst."

Ich beschloss dennoch, spirituelle Themen, also Themen, die meiner festen Überzeugung nach Menschen in ihrer Entwicklung wirklich weiterbringen können, verstärkt an die Öffentlichkeit zu tragen, denn ich hatte meine Entscheidung getroffen. Das – so war mir klar geworden – war mein Herzensanliegen. Ich wollte eine Brücke sein, ich wollte ein Brückenbauer sein, ein Mittler zwischen der Welt des Materiellen und der Welt des Geistigen.

Mir war aber auch schnell klar geworden, dass ich mit meinem alten Leben nicht vollständig brechen musste, um mir ein neues Leben aufzubauen, sondern dass ich das, was am alten gut war, behalten konnte und nur das verwerfen musste, was mich an den Rand des psychischen und materiellen Abgrunds geführt hatte. Ich konnte viele der Dinge, die ich gelernt hatte, in meine neuen Projekte einbringen, spürte dabei aber eine vollkommen andere Befriedigung. Es war ja nun mein eigenes Projekt, das ich verwirklichen wollte und in das ich meine ganze Energie stecken konnte. Und je mehr Energie ich hineinsteckte, desto mehr Energie bekam ich heraus. Der

Lohn war nun kein fetter Scheck mehr, sondern ein zufriedener, erfüllter, energiegeladener Udo Grube, und davon profitierte nicht nur ich selbst, sondern auch meine Familie, meine Freunde, Mitarbeiter und Geschäftspartner.

Ich bin überzeugt, dass man sein Leben nicht vollkommen auf den Kopf stellen muss, um innere Erfüllung zu finden. Man muss sich nur von dem trennen, was einen herunterzieht, und sich dem zuwenden, was einen aufbaut. Dazu ist es vielleicht nicht einmal notwendig, dass man gleich den Beruf aufgibt, sondern möglicherweise nur, dass man die Firma wechselt. In einer neuen Umgebung mit neuen Kollegen blüht man möglicherweise richtig auf, obwohl man im Grunde den gleichen Job macht. Manchmal sind es eben tatsächlich nur Nuancen, die einen Riesenunterschied machen können. Der wichtigste Schritt besteht aber immer darin, eine Entscheidung zu fällen, aus der Passivität der Opferrolle herauszukommen und das Leben in die eigenen Hände zu nehmen.

Das gilt übrigens auch für Partnerschaft, dies möchte ich aber bald in einem eigenen Buchdarüber beschreiben.

> Der wichtigste Schritt besteht immer darin, eine Entscheidung zu fällen, aus der Passivität der Opferrolle herauszukommen und das Leben in die eigenen Hände zu nehmen.

Meine damalige Frau war die Einzige, die mich von Anfang an dabei unterstützte. Sie sagte mir ganz klar, dass sie alles unterstützen würde, was mir wirklich am Herzen liegt. Aber viele von den anderen lehnten meine Neuausrichtung zunächst komplett ab. „Udo“, so sagten meine „Freunde“, „du hast doch so viel Geld verdient, das kannst du gut, das musst du wieder machen." Hätte ich auf sie gehört, wäre ich heute wieder genau da, wo ich damals war: pleite, ausgebrannt, lustlos, erschöpft und müde.

Zum Glück habe ich nicht auf sie gehört, denn ich spürte ganz tief in mir, dass ich mich auf dem richtigen Weg befand. Kurz darauf fuhr ich nach Berlin zur Berlinale, dem internationalen Filmfestival. Nie hätte ich geahnt, dass mir dort etwas begegnen würde, das mein Leben völlig verändern sollte.

Wie ein Blitz aus heiterem Himmel

Ich ließ mich einfach so treiben, um einmal zu schauen, was wohl auf mich zukommen würde. Leider entdeckte ich aber an den drei Tagen meines Aufenthalts nichts, was mich wirklich interessiert hätte. Etwa fünf Stunden vor meiner Abreise durchblätterte ich – zugegebenermaßen inzwischen ziemlich lustlos – noch ein Fachblatt und stieß auf eine ganzseitige Anzeige, die mich aus meiner Lethargie herausriss, als ob ich plötzlich mit nassen Händen eine Stromleitung angefasst hätte.

„What the bleep do we (k)now?" stand dort, gefolgt von dem Satz: „It's time to get wise." Hätte ich nicht gerade gesessen, ich wäre umgefallen. Ich spürte einen Schauer durch meinen ganzen Körper laufen und jede Zelle schien mir zuzurufen: „Udo, das ist DEIN Film! Das ist deiner. Den musst du nach Deutschland holen."

Es gab keinen Zweifel, kein Hinterfragen, es gab nur eine kristallene Klarheit von einer solchen Intensität, wie ich sie bisher noch nie erlebt hatte. Dabei wusste ich nichts über den Film; der Name sagte mir nichts; ich hatte keine Ahnung, worum es dabei ging. Ich wusste nicht einmal, was ein *Bleep* ist. Ich wusste nur eines: Mein ganzer Körper sagte mir, alle meine Zellen sagten mir, dass dieser Film und ich zusammengehörten.

Der Film sollte um 20.00 Uhr gezeigt werden. Nun stand ich aber vor dem kleinen Problem, dass mein Flugzeug nach Stuttgart bereits um 19.00 Uhr starten sollte. Was sollte ich tun? Ich schaute mir die Anzeige noch einmal an, entdeckte eine Kontaktnummer und griff sofort zum Telefon. Zu allem Unglück sprach Richard Guardian, der Mann am anderen Ende, nur Englisch und ich versuchte ihm in meinem gebrochenen Englisch klarzumachen, wer ich war und dass ich diesen Film unbedingt im deutschsprachigen Raum vertreiben müsste. Dazu bräuchte ich natürlich erst einmal eine Kopie des Films.

Mein Gesprächspartner zögerte, denn anscheinend war ihm meine Begeisterung nicht ganz geheuer. Er sagte zunächst, er habe keine Zeit. Ich insistierte weiter, erklärte ihm, dass ich um 19.00 Uhr meinen Flug nach Hause erwischen müsse und so weiter. Schließlich gab er nach und meinte, er habe zwischen zwei Terminen noch zehn Minuten Zeit, ob ich nicht dort hinkommen könnte.

Natürlich konnte ich! Natürlich wollte ich! Ich musste ja! Also flitzte ich wie ein geölter Blitz dort hin, traf ihn und plauderte mit ihm. Und wie das in Unterhaltungen mit Amerikanern so üblich ist, hatten wir uns nach etwa 30 Sekunden bereits unsere ganzen Lebensgeschichten erzählt. Ich erzählte, wie ich meinen ersten Film produziert hatte, und er erzählte mir, was der Regisseur des Films, William Arntz, bei der Herstellung erlebt hatte. Interessanterweise waren diese beiden Geschichten fast deckungsgleich.

Zum Glück fehlt es mir ja nicht an gesundem Selbstvertrauen – was Amerikaner besonders schätzen – und so erklärte ich ihm im Brustton der Überzeugung, ich sei der Einzige, der diesen Film im deutschsprachigen Raum herausbringen könne. „Vertrauen Sie mir, ich mach das!“ sagte ich zu ihm (natürlich auf Englisch: „Trust me, I'll do it!") Er war nicht so überzeugt wie ich, aber er versprach mir darüber nachzudenken und nach circa einem halben Jahr hatte ich dann tatsächlich die Rechte bekommen.

Und das, obwohl ich ihm keine Riesensummen anbieten konnte, denn immerhin stand meine Firma ja kurz vor dem Bankrott. Aber ich konnte ihm etwas anderes bieten: aufrichtiges Engagement und ehrliche Begeisterung. Das führte dazu, dass die amerikanischen Produzenten sich letztlich entschieden, mir ihr „Baby" anzuvertrauen.

Bleep – das Werk finsterer Mächte?

Nie hätte ich mit dem Riesenerfolg gerechnet, den *Bleep* auch bei uns haben würde, aber noch weniger hätte ich damit gerechnet, wie viele Menschen plötzlich auftauchen würden, die versuchten, mir den Film madig zu machen. „Was für ein Schwachsinn, einen Film zu einem dermaßen komplizierten Thema herauszubringen. Das interessiert doch keinen Menschen. Das will doch keiner sehen! Da gehen doch höchstens ein paar durchgeknallte Wissenschaftsfreaks hin."

Andere Kritiker brachten den Film und mich sofort in Verbindung mit einer Sekte. Mir wurde unterstellt, dass ich ein Seelenfänger sei, der Leute in Seminare locken und ihnen das Geld aus der Tasche ziehen wollte. Mir wurden sogar Verbindungen zu den Scientologen unterstellt, die ja nun wirklich überhaupt nichts mit *Bleep* zu tun haben. Ich wurde verdächtigt, die Zuschauer mit unterschwellig in den Film eingebauten Suggestionen zu willenlosen Werkzeugen finsterer Mächte machen zu wollen. Kurz: Der Wahnsinn galoppierte frei durch die deutschen Lande. Nie hätte ich gedacht, dass mir eine solche Feindschaft entgegenschlagen könnte.

Jemand verschickte sogar eine Pressemitteilung, in der ausdrücklich davor gewarnt wurde, diesen Film anzuschauen. Selbst an Kinos wurde diese „Mitteilung" verschickt und sie wurden darin aufgefordert, den Film zu boykottieren. Als mich daraufhin verschiedene Zeitungen anriefen, wurde ich mir einen Moment lang selbst unsicher und fragte mich, ob ich wirklich die richtige Entscheidung getroffen hatte. Brachte ich meine Familie in Gefahr, nur weil ich einen Film vertreiben wollte, der widerspiegelte, was ich in meiner buddhistischen Meditationspraxis selbst erfahren hatte? Setzte ich die Menschen, die mir lieb waren, unnötigen Gefahren aus, nur um mit anderen Menschen zu teilen, was ich selber verspürte?

Ich war ziemlich ratlos und das, obwohl ich mir über meine Motive vollkommen im Klaren war: Ich wollte Menschen helfen weiterzukommen. Ich wollte Menschen helfen, sich selbst zu erkennen und sich weiterzuentwickeln. Was sollte daran falsch sein? Ich war verunsichert und diskutierte tage- und nächtelang mit meiner Frau und meinem Team. Wir sahen uns den Film immer und immer wieder an und suchten nach Hinweisen, ob an den Vorwürfen vielleicht doch etwas dran sein könnte. Aber wir konnten nichts entdecken.

Nach all diesen Überlegungen wurde mir aber letztlich klar, dass ich hundertprozentig hinter dem Film stehen konnte. Also würde ich ihn auch vertreiben – und zwar ganz egal, gegen welche Widerstände ich würde kämpfen müssen. Mir war auch aufgefallen, dass ich, seit ich an diesem Projekt arbeitete, viel mehr Energie hatte. Trotz all der Widrigkeiten fühlte ich mich nicht erschöpft, sondern von einer Kraft erfüllt, die mich selbst erstaunte – und natürlich hoch erfreute.

Damals wusste ich noch nicht, wer eigentlich hinter dieser Kampagne steckte, aber nach einigen Recherchen gelang es mir, einige der Hintermänner ausfindig zu machen. Da war zum Beispiel ein Mann, der selbst politische Filme produziert hatte und ein eigenes Kino besaß. Als Mitglied der linken Szene war er häufig mit rechten Aktivisten konfrontiert gewesen, die ihm die Schaufenster eingeworfen oder ihn bedroht hatten. Letzten Endes musste er das Kino schließen. Ich nehme an, er war deswegen so frustriert, dass er nun seinerseits versuchte, allen Andersdenkenden das Leben so schwer wie möglich zu machen. Und mit dem Vorwurf „Sekte“ oder „Scientology“ lässt sich das natürlich sehr einfach machen, weil fast jeder sofort auf diese Reizworte reagiert.

Dieser „Fluch“ stellte sich dann aber als Segen heraus, weil mich die Anschuldigungen dazu bewogen, meine eigenen Motive und den Inhalt des Films noch einmal zu hinterfragen. So wurde meine Entschlossenheit noch verstärkt, dieses Projekt gegen alle Widerstände durchzuziehen. Ich stellte mir in dieser Zeit auch immer wieder die Frage: „Bin ich überhaupt stark genug, diese Anfeindungen auszuhalten?“ Und ich kam zu der Antwort: „Ja, ich bin stark genug, weil ich von dem Projekt überzeugt bin.“ Dennoch sicherte ich mich ab, wir überprüften den Regisseur und die Wissenschaftler, die in *Bleep* auftreten, wir spielten alle möglichen Szenarien durch, die auf uns zukommen könnten und so weiter.

Guerilla-Marketing und Mundpropaganda

Nun begann aber erst die eigentliche Schwerstarbeit, denn wir hatten zwar die Filmrechte, aber nun mussten wir auch Kinos finden, die den Film zeigen würden. Und auch hier war zuerst die Ablehnung groß: „Das ist doch Nischenkino.“ „Das will doch keiner sehen!“ „Bleep was?“ Unverständnis allerorten. Letztlich gelang es uns dann doch, fünf Kinos in fünf großen Städten zu finden, die ich davon überzeugen konnte, *Bleep* probeweise eine Woche lang laufen zu lassen.

Da die Massenmedien entweder überhaupt kein Interesse

zeigten oder dem Film ablehnend und ausgesprochen negativ gegenüberstanden, musste ich mir andere Wege suchen, auf ihn aufmerksam zu machen. Ich sprach ohne den Umweg über die Medien direkt Menschen an und nun durfte ich zu meiner Freude – und zu meinem Erstaunen – feststellen, dass es viel mehr Menschen gab, die an den im Film behandelten Themen interessiert waren und ihn daher unterstützen wollten, als ich geglaubt hatte.

Was für ein Augenöffner! Da kam ich aus der glitzernden Scheinwelt der Werbung, in der die Männer glänzende Armani-Anzüge tragen und die Frauen Gesichtscremes von Kanebo auftragen, die 500 Euro kosten, und in der als unumstößliches Credo gilt, dass man ohne die Massenmedien überhaupt nichts erreichen kann und dass man aufwendige Partys schmeißen muss, auf denen dann den Anzeigenkunden das Geld aus der Tasche gezogen wird. Und nun erreichte ich mit meinem „Graswurzel-Marketing", meiner „Guerilla-Werbung" und einem minimalen Budget die Menschen direkt – und hatte Erfolg damit. Ich lernte Menschen kennen, von denen ich in meiner bisherigen abgeschotteten Welt überhaupt keine Ahnung gehabt hatte. Plötzlich begegnete ich nicht Statistiken und dem angeblichen Durchschnittsbürger, sondern lebenden Wesen, die Interesse an denselben Dingen hatten wie ich auch.

Nun geschah etwas, was allen klassischen Werbestrategien zuwiderläuft. Normalerweise soll die Werbung eine Nachfrage erzeugen, aber nun kam die Nachfrage von den Verbrauchern selbst. Die Menschen riefen die Kinos an und fragten, ob und wann der Film auch bei ihnen gezeigt werden würde. Es war eine Art Bewusstseinsfeld – oder wie Rupert Sheldrake es nennt, ein morphogenetisches Feld – entstanden und die Dynamik dieses Bewusstseinsfeldes führte dazu, dass die fünf Kinos in den ersten Wochen vollständig ausverkauft waren. Bleep! Ich war baff! Nachdem andere Kinos sahen, dass sich der Film in den ursprünglichen Fünf zu einem Renner entwickelte, wollten sie sich natürlich auch ihren Teil des Kuchens sichern und schon bald konnte ich mich vor Anfragen kaum noch retten. Letztlich war es so, dass *Bleep* in den ursprünglichen fünf Kinos fast 80 Wochen lang lief.

Einige Kinobesitzer riefen mich an und sagten mir ganz offen, dass sie erwartet hatten, bei einem so „esoterischen" Film würden vor allem die üblichen Verdächtigen wie Birkenstocksandalenträger und Menschen mit Dreadlocks in selbst gestrickten bunten Wollpullovern kommen, aber zu ihrer Überraschung kamen neben diesen auch ganz „normale" Leute. Und diese „normalen" Menschen waren deutlich in der Mehrzahl. Dadurch wurde mir noch einmal klar, dass diese Themen uns alle betreffen, und dass es viel mehr Menschen gibt, die sich mit spirituellen Themen auseinandersetzen als man vielleicht gemeinhin denkt.

Auch der Krawattenträger, der frühmorgens in einem der Bankentürme Frankfurts zur Arbeit geht, fragt sich dann und wann: „Welchen Sinn hat das alles?" „Wer bin ich eigentlich?" Und auch die durchgestylte Spa-Managerin, die versucht, den neuesten Wellness-Trend aufzuspüren, hat sich schon einmal gefragt: „Woher komme ich? Wohin gehe ich?" Und man soll nur nicht glauben, dass sich Hartz-IV-Empfänger noch nie die Frage gestellt haben: „Was ist Realität? Wie funktioniert meine Welt eigentlich?" Auf all diese Fragen versucht der Film *Bleep*, eine vorläufige Antwort zu geben. Erst wenn wir uns mit diesen Fragen auseinandergesetzt haben, können wir das Leben führen, das wir führen möchten.

Was ist Realität? Wie funktioniert meine Welt eigentlich?

Ich bin im Laufe der Monate durch mehr als 100 Kinos getingelt, habe Vorträge gehalten, Podiumsdiskussionen organisiert, an denen ich dann auch als Diskussionsteilnehmer beteiligt war, Wissenschaftler und Psychologen dazu eingeladen und auch Kritiker, zum Beispiel Theologen, dazu gebeten. So wurde aus einer einfachen Filmvorführung ein regelrechter Event, auf dem eine intensive Auseinandersetzung mit dem Thema des Films stattfand – für mich eine ungeheuer belebende Erfahrung.

Interessanterweise kamen einige der Kritiker im Verlauf dieser Diskussionen zu der überraschenden Einsicht, dass sie sich aufgrund ihrer vorgefassten Meinungen und ihres vorschnellen Urteils selbst in sehr engen gedanklichen Strukturen gefangen gehalten hatten. In der Diskussion mit den Zuschauern und den anderen Teilnehmern spürten sie, dass sie selbst ihren geistigen Horizont begrenzt hatten. Gleichzeitig fand auch der umgekehrte Prozess statt: Diejenigen Zuschauer und Diskussionsteilnehmer, die mit den im Film dargestellten Überzeugungen konform gingen, wurden angeregt, diese zu hinterfragen, und gewannen auf diese Weise ein größeres Verständnis für die Kritiker. Es war also ein sehr intensiver, fruchtbarer Gedankenaustausch, der auf beiden Seiten zu größerer Offenheit führte. Ich wünschte mir, dass sich unsere Politiker davon einmal eine Scheibe abschneiden und lernen würden, dem politischen „Gegner“ einmal zuzuhören, statt ihm von vornherein bösen Willen und Unbelehrbarkeit zu unterstellen.

Nicht eine Wahrheit, sondern viele Wahrheiten

Der Ausspruch Toni Hagens, dass es keine eine Wahrheit gibt, sondern viele verschiedene Wahrheiten, über die man miteinander kommunizieren muss, hatte sich wieder einmal auf schönste Weise bewahrheitet. Indem man diese verschiedenen Wahrheiten kommuniziert, kann man seine eigenen Ansichten überprüfen und seinen geistigen Horizont erweitern – wovon wiederum alle Beteiligten profitieren.

Mir fällt da die Geschichte von den Blinden und dem Elefanten ein, die ich an dieser Stelle wiedergeben möchte. In einem Gleichnis des Buddha, das im *Dhammapada* aufgezeichnet ist, lässt ein indischer Fürst einige Blinde einen Elefanten betasten. Aus dieser Berührung sollen sie auf das Wesen des Tieres schließen. Dann werden sie gefragt: „Was ist ein Elefant?" Der Blinde, der den Kopf berührt hatte, dachte, ein Elefant sei ein Topf. Die Stoßzähne wurden für Pflugscharen gehalten, die Beine für Säulen, der Rüssel für eine Schlange, die Ohren für Fächer und der Schwanz für eine Peitsche. Daraufhin brach unter den Blinden großer Streit aus. Der Buddha verglich die streitenden Männer mit den verschiedenen Sekten, die über das Dharma (die Lehre) streiten und jeweils meinen, im Besitz der einzigen Wahrheit zu sein. „Sie sind blind, sie wissen nichts, sie erkennen nicht das Ziel", kommentierte er.

Jeder von uns nähert sich der Wahrheit auf andere Weise und diesen Weg für den einzig wahren zu halten, führt zu Unwissenheit, Missverständnissen, Streit, Gewalt und letztlich Krieg. Wenn wir versuchen würden, uns in die Schuhe des anderen zu stellen und die Dinge aus seiner Sicht zu betrachten, würden wir viel mehr Verständnis füreinander gewinnen und könnten zu echten Lösungen kommen.

Dieser Prozess kann aber nicht von heute auf morgen stattfinden. Wenn eine Überzeugung 30 oder 40 Jahre lang in einem Menschen gewachsen und herangereift ist, kann man sie nicht an einem Tag oder in einer Woche über Bord werfen. Veränderung braucht Zeit, Reifung ist immer ein allmählicher Prozess. Hier sehe ich auch einen großen Trugschluss der sogenannten spirituellen Szene mit ihren vielen Heilsbringern, Heilern und Erleuchteten, die sofortige Heilung oder Erleuchtung versprechen.

Heilung und Erleuchtung sind allmählich stattfindende Prozesse, keine einmaligen Aha-Erlebnisse, bei denen der Blitz einschlägt, Engelschöre Halleluja singen und von einer Sekunde auf die andere alles anders ist. Sollte so ein Erlebnis dennoch eintreten, so geht die eigentliche Arbeit hinterher erst richtig los.

Es gibt so viele alte Denkmuster, verkrustete gedankliche Strukturen und liebgewordene Gewohnheiten, die alle nicht von heute auf morgen verschwinden. Es braucht Geduld, Ausdauer und vor allem ständige Wachheit und Achtsamkeit, um diese Strukturen immer wieder zu beobachten, an ihnen zu arbeiten und sie allmählich umzuwandeln. Die alten Denk- und Verhaltensweisen werden immer wieder auftauchen, aber davon darf man sich nicht beirren lassen. Der Zweifel ist auf dem spirituellen Weg eines der größten Hindernisse, denn er lenkt uns vom Ziel ab und wirft uns immer auf das Alte, Überholte zurück.

Auf *Bleep* folgte das Geheimnis, *The Secret*

Nun noch ganz kurz zurück zur Geschichte des Films. Nachdem er in den Kinos ein solcher Erfolg geworden war, kamen plötzlich einige dieser Leute auf mich zu, die mich vorher belächelt oder mir dringend davon abgeraten hatten, ihn zu produzieren, und wollten ihn als DVD herausbringen. Da damals in Deutschland bereits mehr als 280'000 Zuschauer *Bleep* im Kino gesehen hatten, gehörte der Film bereits zu den 20 meistgesehenen Dokumentarfilmen aller Zeiten. Plötzlich wurde ich mit Angeboten überhäuft, aber keines davon entsprach meinen Vorstellungen, sodass ich beschloss, den Film auch in Eigenregie auf DVD herauszubringen. So entstand meine heutige Firma *HORIZON. Bewusst leben und denken*, die damals noch *Horizon. Wissen, Weisheit und Spiritualität* hieß.

Schon nach kurzer Zeit kamen Angebote für immer mehr Filme auf mich zu, für die ich den Vertrieb übernehmen sollte, zum Beispiel der spätere Riesenerfolg *The Secret*, den ich gemeinsam mit meinem Geschäftsfreund Erich Kammerer vertreibe und der ebenfalls zuerst völlig ohne Werbung in den Massenmedien durch reine Mundpropaganda zu einem Verkaufsschlager werden sollte. Ich wurde mit Büchern, CDs und Filmen regelrecht bombardiert und schon bald befand ich mich wieder in einer Situation, in der ich entweder versuchen konnte, die Erwartungen der anderen zu erfüllen oder mir selbst treu zu bleiben und nur noch die Dinge zu vertreiben, an die ich persönlich glaubte und von denen ich persönlich überzeugt war.

Ich entschied mich für Letzteres.

Statt auf einen erneuten Zusammenbruch zuzusteuern, gelang es mir, mich an all das, was ich in den vorangegangenen Jahren gelernt hatte, zu erinnern und es praktisch umzusetzen. Ich entschied mich ganz bewusst dafür, dass meine eigene Gesundheit und meine eigene spirituelle Entwicklung Vorrang vor allen Anforderungen haben würden, die von außen auf mich einstürmten.

Karriere *oder* Spiritualität? Karriere *und* Spiritualität!

Die alten Vorstellungen, nach denen ich dem weltlichen Leben entsagen muss, wenn ich ein spirituelles Leben führen will, haben längst ausgedient. Heute stellt sich für mich nicht mehr die Frage, ob ich eine Karriere haben darf oder mich spirituell weiterentwickeln will. Die Antwort, die ich für mich gefunden habe, heißt nicht „entweder oder“, sie heißt „und“; sie heißt nicht „die anderen“ oder „ich“, sie heißt „wir“.

In der neuen Spiritualität des 21. Jahrhunderts verbinde ich nicht nur Ost und West, nehme nicht nur das Beste aus beiden Welten, ich habe mich auch von dem alten Dogma verabschiedet, dass ich mich entweder für das Göttliche *oder* für das Weltliche entscheiden muss. Ich habe erkannt, dass ich mich für das Göttliche *und* die Welt entscheiden darf.

Wir müssen nicht länger zwischen Geist oder Materie wählen, wir dürfen Geist und Materie als die zwei Seiten der einen Medaille erkennen und jede Seite für ihre besonderen Eigenschaften schätzen.

Wir müssen nicht wie Buddha unsere Familien verlassen, um unser Seelenheil im Dschungel unter wilden Tieren oder wie Jesus oder Mohammed in der Wüste zu suchen, wir können ein erfülltes Familienleben mit geistiger Entwicklung verbinden. Wir können Karriere mit Erleuchtung verbinden. Wir können drei Whisky-Cola mit Spiritualität verbinden.

Und ja, es darf dabei auch gelacht werden!

Was, zum Henker, wissen wir denn schon? und Was, zum Henker, tun wir mit unserem Wissen?

So kann man sich, nachdem man den Film gesehen hat, also fragen: „Nun, da ich all diese Informationen von diesen Wissenschaftlern habe, was fange ich jetzt damit an? Welchen Einfluss können diese Informationen auf mein Leben haben? Sind sie der Weisheit letzter Schluss?"

Und so beginnt vielleicht die spannendste Entdeckungsreise Ihres Lebens.

Viele Leute, die den *Bleep*-Film noch nicht gesehen, aber schon davon gehört haben – und auch etliche, die den Film inzwischen gesehen haben –, fragen sich und auch mich immer wieder: „Was genau heißt *Bleep* eigentlich?"

Da es mir damals, als ich den Film entdeckte, genauso ging, habe ich William Arntz, einen der drei Regisseure des Films, angerufen – die beiden anderen sind übrigens Betsy Chasse und Mark Vicente – und ihn danach gefragt. Ich konnte förmlich hören, wie er am anderen Ende der Leitung von einem Ohr zum anderen grinste, als er mir erklärte: „Oh, das ist ganz einfach. Nachdem der Film fertig war, haben wir zusammen gesessen und hin und her überlegt, wie er wohl heißen soll, aber uns ist einfach nichts eingefallen." Plötzlich sagte einer: „What the fuck do we know?" Was, zum Henker, wissen wir denn schon (… wie der Film heißen soll). Daraufhin sprang Betsy Chasse wie von der Tarantel gestochen auf und rief begeistert: „Das ist es! Genau so nennen wir den Film!"

Da den Regisseuren und Produzenten aber sofort klar war,

dass das „unanständige“ Wörtchen *Fuck* nicht nur zensiert werden würde, sondern dass sie auch noch wegen dessen Verwendung mit einer saftigen Geldbuße würden rechnen müssen, beschlossen sie, sich von vornherein über die amerikanische Prüderie lustig zu machen und das beanstandenswerte Wort durch das Wort für den Piepston zu ersetzen, der im amerikanischen Fernsehen über alle anstößigen Wörter gelegt wird: *Bleep.* Aus diesem Grund heißt der Film: „What the bleep do we know?“

Dann kam einer noch auf die geniale Idee, das *K* in *know* in Klammern zu setzen, um mit dieser Wortspielerei darauf aufmerksam zu machen, dass wir nicht nur nichts wissen, sondern dass wir auch nicht wissen, was wir mit unserem Wissen anfangen sollen.

Man kann also entweder sagen: „What the bleep do we know?“ Oder: „What the bleep do we now?“ „Was wissen wir denn schon?“ oder: “Was tun wir jetzt?” So kann man sich, nachdem man den Film gesehen hat, also fragen: „Nun, da ich all diese Informationen von diesen Wissenschaftlern habe, was fange ich jetzt damit an? Welchen Einfluss können diese Informationen auf mein Leben haben? Sind sie der Weisheit letzter Schluss?“ Und so beginnt vielleicht die spannendste Entdeckungsreise Ihres Lebens.

> „Unser Wissen ist ein Tropfen.
> Was wir nicht wissen, ist ein Ozean.“
> ISAAC NEWTON

Im Grunde fragen sich die Wissenschaftler ja nichts anderes. Sie forschen und forschen und forschen und wenn sie dann etwas entdecken, dann wissen sie eigentlich schon, dass dahinter schon wieder eine neue Entdeckung auf sie wartet. Für jede Antwort, die gefunden wird, entstehen zehn neue Fragen, die auf ihre Beantwortung warten. Wissenschaftliche Forschung wird so zu einem endlosen Spiel und im Endeffekt müssen alle Beteiligten zugeben, dass sie eigentlich gar nichts wissen – wenn sie denn ehrlich sind. Der große englische Gelehrte Isaac Newton hat einmal gesagt: „Unser Wissen ist ein Tropfen. Was wir nicht wissen, ist ein Ozean."

Echte Wissenschaftler lassen sich dadurch aber nicht entmutigen, sondern forschen weiter, weil der Drang zu wissen, woher wir kommen und wohin wir gehen, wie alles entsteht und zusammenhängt, was Materie und was Energie ist, in ihnen übermächtig ist. Und trotz aller Forschungen, trotz aller Experimente und trotz aller theoretischen Denkmodelle gelingt es den Wissenschaftlern nicht, die Wahrheit zu entdecken. Denn jede neue Erkenntnis ist im Grunde nur eine neue Theorie, ein neues Erklärungsmodell des Unerklärlichen. Urknalltheorie, Quantentheorie oder Relativitätstheorie sind alles nur – wie der Name schon sagt – Theorien. Man nimmt eben an, dass es mit hoher Wahrscheinlichkeit so sein könnte, aber mit letztendlicher Sicherheit wissen kann man es nicht.

Wenn wir alles wissen, was wir wissen wollten, wie wenden wir dann dieses Wissen an, was verändert es konkret in unserem Leben? Und was ist, wenn wir erkennen, dass dieses Wissen immer nur eine Momentaufnahme sein kann, wenn Wissenschaftler heute schon sagen, dass die Informationen, die heute als wahr empfunden werden, morgen möglicherweise schon für unwahr gehalten werden können? Wenn es so aussieht, als würde sich durch einen Bewusstseinswandel, der neue Forschungsansätze und neue Erkenntnismodelle hervorbringt, auch die wissenschaftlich beweisbare Realität ändern, so können wir doch nur den einen Schluss daraus ziehen: Unser Bewusstsein verändert unsere Realität.

Die Macht der Verbraucher

Bleep ist ja nun weit mehr als nur ein Film, den man sich einmal anschaut und dann wieder vergisst. Aus dem Film ist mittlerweile eine regelrechte Bewegung entstanden. Als er fertiggestellt war und in den amerikanischen Kinos gezeigt werden sollte, fand sich kein einziges Kino, das bereit war, ihn zu zeigen, und es fand sich auch kein Filmverleih, der ihn vertreiben wollte. Daraufhin mietete sich William Arntz ein Kino in Yelm im Bundesstaat Washington, rief verschiedene Institutionen und Individuen an, um sie zur Premiere einzuladen. Und plötzlich war das Kino voll! Innerhalb von sechs Monaten wurde *Bleep* in 200 amerikanischen Kinos gezeigt. Der Film entwickelte sich für einen Dokumentarfilm zu einem beachtlichen kommerziellen Erfolg, gewann mehrere Preise und spielte um die zehn Millionen Dollar ein.

Was war passiert? Es war etwas geschehen, was schon lange nicht mehr geschehen war und was laut professionellen Marketingstrategen eigentlich ein Ding der Unmöglichkeit ist. Es gab keine durch ausgefeilte Werbestrategien künstlich erzeugte Nachfrage, die Nachfrage kam von den Menschen selbst. Die Menschen haben selbst entschieden, was sie sehen wollten.

In Deutschland passierte übrigens genau dasselbe: Menschen, die Interesse am Thema hatten oder denen der Film gefallen hatte, haben ihre Freunde und Bekannten darauf aufmerksam gemacht und schon bald kam es zu einer regelrechten Graswurzelbewegung. Interessierte Menschen haben die Kinos angerufen und nach dem Film gefragt. Auf diese Weise verbreitete sich der Film sehr schnell und wurde schon bald in immer mehr Kinos gespielt.

> Die Macht liegt beim Verbraucher.
> Will er etwas sehen, wird es gezeigt.
> Will er etwas kaufen, wird es angeboten.

Das *Bleep*-Phänomen zeigt in aller Deutlichkeit, dass die Macht letztendlich beim Verbraucher liegt. Will er etwas sehen, wird es gezeigt. Will er etwas kaufen, wird es angeboten. So einfach ist es. Das könnte man nun auch auf andere Bereiche unserer Welt übertragen. Es heißt immer, dass die Konsumenten keine Macht hätten und völlig von der Werbung und den wenigen Lobbyisten abhängig sind, aber wenn der Verbraucher aufsteht, wenn der Mensch aufsteht und sich bewegt, dann kann er auch etwas erreichen. Und natürlich gilt: Je mehr Menschen sich für eine Sache engagieren, desto mehr können sie erreichen.

Wir wollen mündige Menschen

Bleep wurde durch reine Mundpropaganda, durch E-Mail-Marketing, durch „Freunde laden Freunde ein" zu dem Erfolg, der er heute ist. Es entstand eine unglaubliche Energie und viele Menschen gingen gleich mehrere Male ins Kino, um immer tiefer in die Botschaft des Films eindringen zu können, und haben gleich noch ein paar Freunde mitgebracht.

Schon kurz nachdem die DVD erschienen war, bildeten sich Diskussionsgruppen interessierter Menschen aus allen Bevölkerungsschichten, die sich den Film gemeinsam angeschaut und über ihn diskutiert haben. Wir haben unzählige E-Mails mit Fragen über Fragen bekommen. Konnten wir sie nicht selbst beantworten, haben wir sie in die USA weitergeleitet oder auf unserer Homepage www.bleep.de veröffentlicht. Durch das Interesse der Zuschauer entstand eine breite Diskussion und eine wirklich tiefe Kommunikation zwischen allen Beteiligten. Daraufhin haben wir dann auch angefangen, die *Bleep*-Kongresse zu organisieren, zu denen jedes Jahr mehr Teilnehmer kommen.

Das Internet hat eine wichtige Rolle bei der Verbreitung des Films gespielt. Heute sind dank des Internets die Kommunikationswege kürzer, schneller und effizienter geworden. In Sekundenbruchteilen erreichen mich Nachrichten aus allen Teilen der Welt und mit Skype kann ich meine Gesprächspartner zum Beispiel in Amerika oder Indien sogar noch sehen.

> Wir wollen den mündigen Menschen, der sich mit sich selbst und der Welt, in der er lebt, auseinandersetzt. Wir sind nicht daran interessiert, Schafe zu züchten.

Selbstverständlich lief nicht alles immer so reibungslos ab, wie es jetzt vielleicht den Anschein hat, denn es gab durchaus erhebliche Widerstände und wir wurden neben dem großen Zuspruch, den wir erfahren durften, auch mit Diffamierungen und Kritik überschüttet. Immer wieder wurden die Macher des Films und sowohl der amerikanische als auch der deutsche Vertrieb *Horizon Film* bewusst in die Nähe von Sekten gerückt, um sie und uns in Misskredit zu bringen. So wurden Eltern zum Beispiel in einem Kirchenblatt ausdrücklich davor gewarnt, ihre Kinder diesen Film sehen zu lassen.

Ich habe immer darauf hingewiesen, dass wir nur den Film vertreiben und nicht für irgendwelche Seminare irgendwelcher Gruppierungen werben. Wir wollen ja den mündigen Menschen, der sich mit sich selbst und der Welt, in der er lebt, auseinandersetzt. Wir sind nicht daran interessiert, Schafe zu züchten.

Wir sind auch nicht daran interessiert, endgültige Wahrheiten zu verbreiten, die für alle Zeiten und in allen Kulturen gelten sollen, wir versuchen lediglich, die Menschen anzuregen, für sich selbst zu denken, und zu begreifen, dass sie die Schöpfer ihrer eigenen Welt sind.

Bleep als Bewegung

Aus einem reinen Dokumentarfilm wurde mittlerweile eine richtige Bewegung. Zur deutschsprachigen Premiere in München kamen 380 Zuschauer, das aber nur, weil das Kino nicht über mehr Sitzplätze verfügte. Tatsächlich war der Andrang so groß, dass 1200 Karten hätten verkauft werden können und sich vor dem Kino eine riesige Menschenschlange gebildet hatte.

All diese Menschen waren aber nicht nur gekommen, um passiv einen Film zu konsumieren, sondern um sich an einem regelrechten Event zu beteiligen, denn zur Premiere und der sie begleitenden Podiumsdiskussion kamen zum Beispiel die leider inzwischen verstorbene Bestsellerautorin Bärbel Mohr, die bekannte Management-Trainerin und Sachbuchautorin Vera Birkenbihl, verschiedene Wissenschaftler und ich.

Nach dem Film begann eine äußerst lebhafte Diskussion, an der sich viele der Zuschauer beteiligten. Ich war erstaunt, wie viele Menschen aufstanden und sich zu Wort meldeten.

Einer meinte: „Das ist ja alles schon uralt. Das haben schon die Mayas gesagt." Ich antwortete: „Ja, stimmt. Wenn Sie das sagen, dann ist das bestimmt so." Einige sagten: „Im Buddhismus findet man doch ganz ähnliche Sachen." Ich: „Ja, stimmt auch." Und wiederum andere fanden, dass das im Film dargelegte Wissen mit dieser Philosophie kompatibel sei oder mit jenem wissenschaftlichen Ansatz. Und immer konnte ich bestätigen, dass das tatsächlich so ist. Der Film stellt ja keine vollkommen neuen Theorien auf, sondern präsentiert bestimmte uralte Erkenntnisse auf eine Weise, die viele Menschen anspricht, die ansonsten nichts mit spirituellen Themen am Hut haben. Er trifft einfach den Zeitgeist.

Man konnte an der Reaktion des Publikums sehr gut spüren, dass der Film eine tiefe Wahrheit verkörpert, die in sehr vielen Glaubensrichtungen gepredigt wird. Leider haben sich viele dieser Glaubensrichtungen inzwischen so weiterentwickelt – *zurückentwickelt* wäre eigentlich das passendere Wort –, dass sie die Urbotschaft ihrer Glaubensgründer weitgehend vergessen und vollkommen entstellt haben.

> Der Film *Bleep* präsentiert bestimmte uralte Erkenntnisse auf eine Weise, die viele Menschen anspricht, die nichts mit spirituellen Themen am Hut haben.

So wurden zum Beispiel im vierten Jahrhundert auf dem Kirchenkonzil von Nicäa all jene Aussagen über Gott und Jesus verboten, die nicht in das Weltbild des römischen Kaisers Konstantin I. passten. Seither werden anders lautende Meinungen als Häresie, also als im Widerspruch zur offiziellen Kirchenlehre stehend, betrachtet. Wer sich diesem Diktat nicht beugte, wurde verbannt, wer die von nun an verbotenen Bücher besaß, wurde mit der Todesstrafe bedroht.

Überall, wo der Film gezeigt wurde, spürten wir dieselbe Reaktion. Die Menschen waren froh, dass etwas, das sie selbst seit Langem gespürt hatten, nun offen ausgesprochen wurde – und noch dazu von Menschen in weißen Kitteln, eben von Wissenschaftlern. Und wenn die Wissenschaft zu denselben Schlüssen kommt wie die Religion, die Spiritualität oder die Esoterik, dann hat dies gleich noch einmal sehr viel mehr Gewicht.

Schafft Wissenschaft Wissen?

Selbst eingefleischte Wissenschaftsskeptiker können sich diesem Phänomen nur sehr schwer entziehen, weil wir alle so konditioniert worden sind, alles, was das Etikett „Wissenschaft“ trägt, als unumstößliche Wahrheit zu betrachten. Dabei kommt die Wissenschaft ständig zu neuen Erkenntnissen, die alte Erkenntnisse vollkommen revidieren und manchmal sogar in ihr genaues Gegenteil verkehren.

Früher glaubte man einmal, die Erde sei flach und Seefahrer würden mit ihren Schiffen über ihren Rand fallen, wenn sie sich zu weit aufs Meer hinauswagten. Dann stellte sich heraus, dass die Erde rund ist. Später entdeckte man noch, dass sie an den Polen abgeflacht ist. Auch glaubte man, die Erde sei fest. Später wurde entdeckt, dass nur ein Teil des Erdkerns und die Erdkruste fest sind, der Rest aber überwiegend flüssig ist.

Früher wurde geglaubt, dass das Atom – griechisch für das „Unzerschneidbare“ – der kleinste Baustein der Materie ist. Später entdeckte man, dass Atome aus einer Hülle und einem Kern bestehen. Dann fand man heraus, dass auch der

Atomkern noch wieder aus Protonen und Neutronen besteht. Dann kam die Quantenphysik, laut der es überhaupt kein kleinstes Teilchen der Materie gibt, weil es gar keine Materie gibt. Soll heißen: Alles ist ... NICHTS.

Bis Dezember 2010 galt es als unumstößliches Gesetz, dass organisches Leben aus den sechs Bausteinen Kohlenstoff, Wasserstoff, Stickstoff, Sauerstoff, Schwefel und Phosphor bestehen müsse. Dann entdeckten Wissenschaftler der NASA im Mono Lake ein Bakterium, das Phosphor durch das hochgiftige Element Arsen ersetzt. Und wieder einmal hatte sich ein ehernes Gesetz der Wissenschaft als vorübergehende Annäherung an die Wirklichkeit erwiesen.

Dazu fällt mir eine schöne Anekdote über Albert Einstein ein: Als Einstein Professor an der Eidgenössischen Hochschule Zürich war, ließ er von seiner Assistentin anlässlich eines Examens die Prüfungsaufgaben verteilen. Die Assistentin schaute sich die Fragen an und sagte, weil sie um die sprichwörtliche Zerstreutheit des Genies wusste, erstaunt: „Aber Herr Professor, das sind ja genau dieselben Fragen wie letztes Jahr." Daraufhin Einstein: „Die Fragen sind wohl dieselben, aber die Antworten werden nicht mehr dieselben sein." Schließlich war ja ein ganzes Jahr vergangen.

Heute scheuen sich viele Wissenschaftler nicht mehr, an Themen heranzugehen, die früher ausschließlich in den Bereich der Religion fielen. Früher galt als Regel: Der Körper wird von der Wissenschaft untersucht, der Geist ist eine Grauzone, aber die Seele fällt einzig und allein in den Zuständigkeitsbereich der Religion. Diese strikte Trennung ist nicht zuletzt dank Filmen wie *Bleep* mittlerweile aufgehoben worden. Körper, Geist und Seele lassen sich eben nicht trennen, sie bilden ein Ganzes und können auch nur als Ganzes verstanden werden.

> Körper, Geist und Seele lassen sich eben nicht trennen, sie bilden ein Ganzes und können auch nur als Ganzes verstanden werden.

Neben den Wissenschaftlern, die sich mittlerweile mit ihren neuen Erkenntnissen an die Öffentlichkeit wagen, gibt es aber noch viele andere, die zwar zu gleichen oder ähnlichen Schlussfolgerungen gekommen sind, sich aber nicht trauen, damit an die Öffentlichkeit zu gehen, weil sie Angst um ihren Ruf haben und um ihre Forschungsgelder fürchten. Dazu muss man einfach wissen, dass Wissenschaftler zur Finanzierung ihrer Forschungen Geld brauchen. Dieses Geld bekommen sie zum Beispiel von Großkonzernen, wenn sie sich mit bestimmten Themen beschäftigen, mit denen diese wiederum Geld verdienen können.

Bestätigen Wissenschaftler nun Dinge, die in Richtung Spiritualität oder Esoterik gehen, dann werden ihnen sehr schnell Forschungsgelder gestrichen und sie verlieren ihr Renommee. Nun haben sich einige Wissenschaftler dadurch nicht mehr einschüchtern lassen und sich alternative Geldquellen gesucht, um jene Themen, die sie wirklich interessieren, unabhängig von den Diktaten der Industrie und Wirtschaft erforschen zu können. Zu diesen Wissenschaftlern gehören auch jene, die im Film *Bleep* zu Wort kommen, also zum Beispiel der Biochemiker Joe Dispenza, der Psychiater und Verhaltenspsychologe Daniel Monti, der Mediziner und Physiker Jeffrey Satinover, der Physiktheoretiker Fred Alan Wolf, der Theologe Miceal Ledwith, die Pharmakologin Candace Pert, der Physiker Amit Goswami und andere. Die meisten sind renommierte Professoren an renommierten Universitäten.

In der Branche werden sie sehr oft eingeladen, einen Vortrag über ihre neuesten Erkenntnisse zu halten, aber sehr schnell werden sie belächelt oder als Spinner abgetan. Der große deutsche Philosoph Arthur Schopenhauer hat dazu einmal gesagt: „Eine neue Idee wird in der ersten Phase belächelt, in der zweiten Phase bekämpft, in der dritten Phase waren alle immer schon begeistert von ihr." Und Albert Einstein hat dazu sinngemäß gesagt, dass eine Idee, die anfangs nicht belächelt wird, es nicht wert ist, dass man sich näher mit ihr befasst.

> „Eine neue Idee wird in der ersten Phase belächelt,
> in der zweiten Phase bekämpft,
> in der dritten Phase waren alle immer schon begeistert von ihr."
> ARTHUR SCHOPENHAUER

Gleichgültig wie spektakulär die Forschungsergebnisse sein mögen, wie überzeugend die Argumentation auch sein mag, wie schlüssig die vorgelegten Beweise sind, Wissenschaftler, die es wagen, über ihren Tellerrand hinauszuschauen, verlieren sehr schnell ihren Ruf und sind damit zunächst einmal erledigt. Dazu fällt mir der Spruch ein: „Menschen, die ihrer Zeit voraus sind, warten entweder im Gefängnis oder im Irrenhaus darauf, dass sie von ihr eingeholt werden."

Gestern die Ketzer, morgen die Avantgarde

Schon immer hat es Wissenschaftler gegeben, die zu ihrer Zeit als Ketzer oder Spinner galten, und die später als die größten Wissenschaftler der Geschichte anerkannt wurden und ewigen Ruhm geerntet haben. Wenn man etwas Neues wagt und sich auf unbekannte Gebiete vorwagt, ist man zunächst einmal meistens isoliert, aber wenn sich dann ein anderer traut, die vorgestellten Forschungsergebnisse zu überprüfen, kann es sein, dass er zu denselben Ergebnissen kommt. Da waren es schon zwei! Und was passiert jetzt? Diese zwei inspirieren einen dritten, sich der Sache einmal anzunehmen. Und der dritte wird vielleicht ebenfalls entdecken, dass an der Sache etwas dran ist. In der Wissenschaft ist es nicht anders als in einer Familie. Wenn einer etwas vorlebt, werden andere davon angesteckt und fangen an, sich selbst auch damit auseinanderzusetzen. Nicht umsonst spricht man ja von der wissenschaftlichen Community, der Wissenschaftlergemeinschaft.

> Wenn es eine Mehrheit für ein Thema gibt, wird das, was vor zehn Jahren noch als Unwahrheit bezeichnet wurde, plötzlich als Wahrheit, als Realität, anerkannt.

Und von da an funktioniert das Ganze nach dem Schneeballprinzip. Die drei stellen ihre Ideen auf einem Kongress vor und halten dort Vorträge und plötzlich sind es schon 20 oder 30, die von der Idee fasziniert sind und sich näher damit beschäftigen wollen. Dann erscheinen Artikel in den einschlägigen Fachzeitschriften und jetzt entsteht etwas, das ein unglaubliches – aber dennoch wahres – Phänomen ist: Wenn es eine Mehrheit für ein bestimmtes Thema gibt, dann wird das, was vor zehn Jahren noch belächelt und als Unwahrheit bezeichnet wurde, plötzlich als Wahrheit, als Realität, anerkannt. Kaum liegt etwas in schriftlicher Form in einer anerkannten Publikation vor, dann ist es sozusagen in Stein gemeißelt und wird von der Mehrheit als allgemeingültige Wahrheit betrachtet.

Bei den maßgeblichen naturwissenschaftlichen Fachzeitschriften wie *Nature* oder *Science* oder bei renommierten medizinwissenschaftlichen Zeitschriften wie dem *New England Journal of Medicine* bestimmt ein Herausgebergremium darüber, welche Beiträge aufgenommen werden und welche nicht. Viele Wissenschaftler, darunter auch Nobelpreisträger, sind der Meinung, es sei ein Unding, dass ein solches Gremium allein darüber entscheiden kann, was veröffentlicht wird und was nicht, da dieses Gremium ja nicht neutral ist, sondern von bestimmten Interessengruppen beeinflusst wird. Und dadurch wird der Fortschritt auf vielen Gebieten behindert. Wären manche Forschungsergebnisse schon vor 20 oder 30 Jahren veröffentlicht worden, wären wir heute vermutlich viel weiter.

Homöopathie – tatsächlich die Potenzierung des Nichts?

Bleep ist auch eine Bewegung, die eine Alternative und Ergänzung zur etablierten Wissenschaft und zur Meinungsbildung durch die großen Kirchen, Industrie- und Wirtschaftsverbände darstellt, indem Forschungsergebnisse und neue Erkenntnisse veröffentlicht werden, die bis vor einigen Jahren in den wissenschaftlichen Fachzeitschriften noch keine Chance hatten, weil sie noch nicht mehrheitsfähig waren – und weil sich mit ihnen kein Geld verdienen ließ. Die Pharmaindustrie und ihre allmächtige Lobby versuchen ja alles, um zu verhindern, dass alternative Heilmethoden als Ergänzung zur herkömmlichen Schulmedizin anerkannt werden.

2010 gab es wieder einmal eine große Debatte um Sinn und Unsinn der Homöopathie und der *Spiegel* widmete diesem Thema in seiner Ausgabe 28/2010 eine ganze Titelgeschichte, die bezeichnenderweise *Homöopathie – Die große Illusion* hieß. Die Homöopathie, die über 200 Jahre alt ist, unbestrittene Erfolge vorzuweisen hat – auch wenn man vielleicht nicht vollständig erklären kann, warum sie funktioniert – und auf die allein im deutschsprachigen Raum Millionen Menschen schwören, wird im *Spiegel* polemisch als *Potenzierung des Nichts* bezeichnet. In diesem Artikel wird „nachgewiesen", dass Homöopathie nicht funktioniert. Aber warum heilt sie dann? Darf wieder einmal nicht sein, was nach dem mechanistischen Weltbild nicht sein kann? Und zwar unabhängig davon, wie viele Beweise es für sein Funktionieren gibt?

Die Pharmaindustrie betreibt eine so einflussreiche Lobbyarbeit, dass es manchmal so scheint, als wären die Gesundheitsministerien – die ja die Volksgesundheit erhalten und fördern und dabei im Auge behalten sollten, dass die Gelder, die sie ausgeben, von den Steuerzahlern kommen und nicht von der Pharmaindustrie, und dass sie deshalb den Steuerzahlern, also uns allen, verantwortlich sind – nur der verlängerte Arm der Pharmagiganten.

Kein Schwein hat an die Schweinegrippe geglaubt

Erinnern Sie sich noch an die Schweinegrippe? Ein Witz, oder? Was wurde aus der großen Bedrohung für die Menschheit? Interessanterweise – und das macht mir große Hoffnung – hat sich die überwältigende Mehrheit der Menschen nicht einschüchtern lassen und ist nicht in Panik geraten. Nur sehr wenige haben sich überhaupt impfen lassen und von diesen Wenigen die meisten auch wohl nur deshalb, weil ihr Arbeitgeber es von ihnen gefordert hat. Freiwillig ist fast niemand den Angstmachern auf den Leim gegangen. Kein Schwein hat an die Schweinegrippe geglaubt.

Tatsächlich verlief die Schweinegrippe weitaus harmloser als jede normale Grippe, die jedes Jahr über uns hereinbricht. Um es kurz zu verdeutlichen: Jährlich sterben seit Jahrzehnten im Schnitt rund 20'000 Menschen allein in Deutschland an grippalen Infekten, nur wissen wir nicht, an welcher Form der Grippe – und ehrlich gesagt ist das auch egal. Nun hat man die Schweinegrippe „entdeckt", an der 178 Personen starben, das sind gerade einmal etwas unter einem Prozent. (http://www.schweinegrippe-h1n1.seuchen-info.de/service/zahlen-tote.html)

Wenn man weiß, wer eine Pandemie ausrufen darf, nämlich die Weltgesundheitsorganisation WHO, und dann noch weiß, dass dort im entscheidenden Gremium Leute installiert wurden, die – na, woher wohl? Jawohl! – aus der Pharmaindustrie stammen, die wiederum Hersteller der Impfstoffe ist, dann zeigt sich, wie unsere Gesellschaft im Moment „gebaut" ist.

Tatsache ist: Die Regierungen überall auf der Welt blieben auf vielen Millionen ungenutzter Impfdosen sitzen, die Pharmaindustrie machte einen Riesenreibach und die Rechnung zahlt wieder einmal … Na wer wohl? Richtig, der Steuerzahler.

Welche Lobby hat die Alternativmedizin?

Selbst ich, der ich mich ständig mit diesen und ähnlichen Themen auseinandersetze, war verunsichert. Sollte ich in meinem Newsletter etwas darüber schreiben? Und was, wenn das H1N1-Virus wirklich so schlimm wäre? Wäre ich dann mit schuld am Tod von Tausenden oder gar Millionen

Menschen? Die Angstmacher der Regierungen und der Pharmaindustrie hatten wieder einmal wirklich ganze Arbeit geleistet. Am Grad meiner eigenen Verunsicherung gemessen, muss ich ehrlich sagen, dass deren Lobbyarbeit eigentlich saugut und unheimlich effizient ist.

Da wird vorausgesagt, dass es Tausende oder Millionen Tote geben wird. Daraus wird gefolgert, dass alle Menschen geimpft werden müssen. Daraufhin klingeln bei allen Verantwortlichen die Alarmglocken und sie lesen die Gutachten, die bestätigen, dass es zu einer weltweiten Pandemie kommen wird. (Diese Gutachten wurden natürlich von der Pharmaindustrie in Auftrag gegeben und bezahlt.) Nun muss sofort gehandelt werden. Impfstoff muss her und die Pharmaindustrie kommt kaum noch nach: Erst kommt sie mit der Entwicklung und Herstellung des Impfstoffes nicht nach (der ja übrigens auch etliche Nebenwirkungen hat), dann kommt sie mit dem Scheffeln der Profite nicht nach.

Ich kann den Gesundheitsministern gar nicht böse sein und will ihnen auch keine böse Absicht unterstellen, denn sie müssen sich ja auf die Informationen der Spezialisten verlassen. Und eine zweite *Spanische Grippe*, die vom selben Erreger verursacht wurde und in den Jahren 1918 bis 1920 bis zu 50 Millionen Tote gefordert hatte, wollte ja schließlich niemand riskieren. Das H1N1-Virus hatte 1977 und 1978 unter dem Namen *Russische Grippe* in Asien etwa 700'000 Tote gefordert und nun war es unter dem Namen *Schweinegrippe* wieder da. Viele der Toten waren allerdings nicht auf den Erreger zurückzuführen, sondern eben gerade auf die damals eingesetzten Impfstoffe. Auffällig ist nämlich, dass die Spanische Grippe die Eigenschaften genau jener Krankheiten hatte, gegen die die Menschen nach dem ersten Weltkrieg geimpft worden waren (Pest, Typhus, Lungenentzündung, Pocken). Praktisch die gesamte Bevölkerung war mit giftigen Impfstoffen verseucht worden. Durch die Verabreichung von giftigen Medikamenten wurde die Pandemie geradezu „am Leben erhalten." Soweit bekannt ist, erkrankten ausschließlich Geimpfte an der Spanischen Grippe. Wer die Injektionen abgelehnt hatte, entging der Grippe.

Wenn man um die Lobbyarbeit der Pharmaindustrie weiß, verwundert es nicht mehr, dass alternative oder komplementäre Heilmethoden wie zum Beispiel die Homöopathie nur sehr geringe Chancen haben, vom Staat und den Krankenkassen wirklich anerkannt und als gleichberechtigte Partner behandelt zu werden. Denn welche Lobby hat denn die Homöopathie? Welche Lobby haben die Alternativmediziner?

Wann immer es im Fernsehen Gesprächsrunden zum Thema „Alternativmedizin" gibt, kann man sicher sein, dass auf eine Befürworterin fünf Gegner kommen. Allein schon dadurch muss im Bewusstsein der Zuschauer der Eindruck entstehen, dass es sich lediglich um eine Randgruppe handelt und dass die Schulmedizin recht haben muss, da sie ja von einer Mehrheit vertreten wird.

Aber heute sehen wir ein neues Phänomen: Immer weniger Menschen lassen sich von den Medien beeinflussen und suchen nach alternativen Informationsquellen – zum Beispiel bei Filmen wie *What the bleep do we (k)now.*

Auch aus der Schweinegrippe können wir wieder eines lernen: Was, zum Henker, wissen wir denn schon? Und dann stellt sich für mich eben die zweite Frage: Was tun wir jetzt?

Wenn der Mensch aufsteht, kann er etwas bewirken. Wenn es stimmt, dass unsere Gedanken zu unserer Realität werden, dann gibt es die Schweinegrippe nur, wenn wir daran glauben, dass es sie gibt. Nur dann kann sie sich wirklich ausbreiten. Das hat sich 2009 und 2010 in aller Deutlichkeit weltweit gezeigt.

Noch eine interessante Anmerkung: Hätten sich alle impfen lassen, hätten Pharmaindustrie und Regierungen stolz vermelden können: „Schweinegrippe besiegt, Millionen Leben gerettet. Aufgrund der umfangreichen Impfaktionen verlief der Ausbruch des H1N1-Virus im Vergleich zu früheren Pandemien unglaublich glimpflich. Der Pharmaindustrie sei ewiger Dank."

Nun ist es aber – um mit Wilhelm Busch zu sprechen – erstens anders gekommen und zweitens als man gedacht hat. Da verwundert es nicht, dass die Schweinegrippe sang- und klanglos von der Bühne verschwunden ist. Aber keine Sorge: Nach Schweinepest, Rinderwahn, Vogelgrippe und Schweinegrippe kommt die nächste Bedrohung für die Menschheit bestimmt. Vielleicht die Giraffenhalsgrippe? Warum eigentlich nicht? Die hatten wir ja noch nie.

Zu meiner Realität wird das, was ich für real halte
oder
Ist mein Karma mein Schicksal?

Wenn ich weiß, dass im Grunde alles möglich ist, und wenn diese Überzeugung immer mehr an Kraft gewinnt, dann kann ich schon in diesem Leben Erleuchtung erlangen, dann kann ich schon jetzt ein guter Mensch werden, ein liebevoller Vater, eine erfolgreiche Geschäftsfrau oder was auch immer ich sein möchte.

Ich kann das werden, was ich wirklich bin – und zwar innerhalb von zwei Jahren, von drei Monaten oder von vier Wochen.

Mein Leben verändert sich durch die Veränderung meines Denkens.

Für mich besteht die Kernaussage des *Bleep*-Films darin, dass alles zur Realität wird, von dem man denkt, dass es Realität ist. Ich selbst bin in der Lage, meine Realität zu formen, und damit bin ich der Schöpfer meiner Realität. Ich kann Entscheidungen treffen, die dann zu bestimmten Resultaten führen.

William Tiller, ehemaliger Professor an der Universität von Stanford, sagt dazu im Film: „Ich bin viel mehr als ich denke. Ich kann sogar noch viel mehr als das sein. Ich kann meine Umgebung beeinflussen. Die Menschen. Ich kann den Raum selbst beeinflussen. Ich kann die Zukunft beeinflussen. Ich bin verantwortlich für all das. Ich und die Umgebung sind nicht voneinander getrennt. Sie sind Teil eines Ganzen. Ich bin mit allem verbunden. Ich bin nicht allein."

Im Film wird diese Verbundenheit zum Beispiel anhand

der Experimente von Masaru Emoto mit Wasser erläutert und durch die Aussagen von Quantenphysikern bestätigt, die darauf hinweisen, dass bei einem Experiment immer die Intention des Experimentierenden darüber entscheidet, zu welchem Ergebnis er gelangen wird.

> Zur Realität wird das, von dem ich denke,
> dass es Realität ist.

Ist mein Karma mein Schicksal?

Die Erkenntnisse der Quantenphysik habe ich sehr stark mit meiner buddhistischen Sichtweise und mit dem Gesetz des Karmas in Verbindung gebracht. Nach der landläufigen westlichen Ansicht ist Karma gleichbedeutend mit Schicksal, das zumeist als etwas Unveränderliches, von außen auf den Menschen Eindringendes angesehen wird, auf das wir keinen Einfluss haben, weil es im Grunde ganz zufällig geschieht. Das wiederum führt sehr leicht zu einer fatalistischen Lebenseinstellung, weil man etwas Unveränderliches – wie der Name schon besagt – nicht beeinflussen und daher auch nicht verändern kann.

Am ehesten kann man diese Schicksalsergebenheit wohl in Indien, das vor allem durch den Hinduismus geprägt ist, oder in den muslimischen Ländern Arabiens beobachten, aber auch bei uns ist diese fatalistische Einstellung viel weiter verbreitet, als man vielleicht zuerst glauben mag.

Bei uns ist Fatalismus aber keine echte Schicksalsergebenheit, weil er meist mit Genörgel einhergeht. So wird mit Vorliebe auf die „da oben, die machen, was sie wollen, und gegen die der kleine Mann einfach nicht ankommt“ geschimpft. Wenn etwas klappt im Leben, schreibt man dies gern seinen eigenen Anstrengungen zu, klappt aber etwas nicht, sind immer die anderen, „die da oben“ oder „die Umstände“ daran schuld. Wenn man Menschen vorsichtig darauf anspricht, ob sie sich nicht möglicherweise auch selbst in diese Lage gebracht haben könnten, wird man gleich als Sozialdarwinist oder Schlimmeres abgestempelt. Politisch korrekt ist es allemal nicht.

> Wenn etwas klappt im Leben, schreibt man dies seinen eigenen Anstrengungen zu, klappt aber etwas nicht, sind immer die anderen, „die da oben“ oder „die Umstände“ schuld.

Interessant ist die unterschiedliche Betrachtungsweise des Karmas im Hinduismus und im Buddhismus. Die Hindus akzeptieren ihr Karma als ihr Schicksal, dem sie sich nun in der Hoffnung auf eine bessere Wiedergeburt ergeben. Ein Hindu, der in eine niedere Kaste hineingeboren wurde, tröstet sich mit der Aussicht, im nächsten Leben in eine höhere Kaste hineingeboren zu werden, weil er durch das Erdulden seines Loses karmische Pluspunkte angesammelt hat. In diesem Glauben leben die Hindus und in diesem Glauben sterben sie. Und das Verblüffende ist: Sie sind auch noch glücklich dabei. Weil sie daran glauben, dass alles, was ihnen widerfährt, durch ihr Karma vorbestimmt ist, wird dieser Glaube zu ihrer Realität.

Wir im Westen halten es eher mit Neo, dem Helden aus der Matrix-Trilogie. Zwischen ihm und Morpheus fand im dritten Film *Matrix Revolutions* der folgende Dialog statt, der die westliche Einstellung ziemlich gut wiedergibt. Morpheus fragt: „Glaubst du an das Schicksal, Neo?“ Dieser antwortet: „Nein.“ „Warum nicht?“ „Mir missfällt der Gedanke, mein Leben nicht unter Kontrolle zu haben.“

Auch die Buddhisten akzeptieren ihr Karma und glauben daran, dass das, was ihnen in diesem Leben widerfährt, durch ihr Verhalten in früheren Leben bestimmt wurde. Im Unterschied zu den Hindus glauben sie aber daran, dass sie durchaus Einfluss auf ihr Karma haben und es verändern können. Allerdings sehen die Buddhisten diesen Prozess in viel längeren Zeiträumen als wir, also zum Beispiel über einen Zeitraum von mehreren Leben. Und diese Überzeugung führt dazu, dass es tatsächlich mehrere Leben dauert, bis Karma abgebaut ist und sich etwas verändert.

Den Unterschied zwischen Hinduismus und Buddhismus kann man zum Beispiel in der wirtschaftlichen Entwicklung des Ostens sehen. Die traditionell überwiegend vom Buddhismus geprägten Länder Asiens wie Japan, Vietnam, Korea, Taiwan, China, Singapur und so weiter sind wirtschaftlich äußerst dynamisch und erfolgreich, während das hinduistische Indien dieser Entwicklung trotz aller Erfolge in den letzten Jahren immer noch weit hinterherhinkt.

Der Mensch, eine Möglichkeit?

Da wir im Westen sehr stark vom Verstand bestimmt werden und ein anderes Bewusstsein haben als die Menschen des östlichen Kulturkreises, brauchen wir Filme wie *Bleep*, in denen moderne Wissenschaftler die uralten Erkenntnisse der östlichen Mystik bestätigen, denen zufolge unsere Überzeugungen zur Realität werden, da es unser Bewusstsein ist, das unser Sein bestimmt. Viel zu lange hat es die westliche Kultur – trotz der offensichtlichen Differenzen – mit Karl Marx gehalten, der behauptet hatte, dass es das Sein, also die ökonomischen Verhältnisse sind, die das Bewusstsein bestimmen.

Und nun erfahren wir, dass das Sein viel fantastischer ist, als bisher angenommen, dass Materie viel formbarer ist, als bisher angenommen, dass Realität weitaus vielschichtiger ist, als bisher angenommen.

Der indische Quantenphysiker Amit Goswami sagt dazu im Film *Bleep*: „Ihr habt euch angewöhnt zu denken, dass alles um uns herum ein Ding ist, das ohne meinen Input, ohne meine Wahl existiert. Diese Denkweise muss man sich abgewöhnen."

Er fährt fort: „Stattdessen muss man erkennen, dass selbst die materielle Welt um uns, die Stühle, die Tische, das Zimmer, der Teppich, auch die Kamera – dass all das nichts anderes als mögliche Bewegungen des Bewusstseins sind. Und ich treffe in jedem Moment eine Auswahl aus diesen Bewegungen, um meine tatsächliche Erfahrung zu manifestieren. So radikal muss man denken. Aber es ist so radikal, so schwierig, weil wir dazu tendieren zu glauben, dass die Welt schon unabhängig von unserer Erfahrung da draußen existiert."

Und nun kommt der Knüller, denn er sagt weiter: „Aber das tut sie nicht. Die Quantenphysik hat das klar herausgestellt. Heisenberg, der Mitentdecker der Quantenphysik, sagte: ‚Atome sind keine Dinge, sondern nur Tendenzen.' Anstatt in Dingen, muss man also in Möglichkeiten denken. Es sind alles Möglichkeiten des Bewusstseins."

Mein Leben verändert sich durch die Veränderung meines Denkens.

Wenn ich das weiß, wenn ich weiß, dass im Grunde alles möglich ist, und wenn diese Überzeugung immer mehr an Kraft gewinnt, dann kann ich schon in diesem Leben Erleuchtung erlangen, dann kann ich schon jetzt ein guter Mensch werden, ein liebevoller Vater, eine erfolgreiche Geschäftsfrau oder was auch immer ich sein möchte. Ich kann das werden, was ich wirklich bin – und zwar innerhalb von zwei Jahren, von drei Monaten oder von vier Wochen. Mein Leben verändert sich durch die Veränderung meines Denkens.

Im Schweiße meines und deines Angesichts

Seit beinahe 2000 Jahren sind wir durch die christliche Religion geprägt worden. Ich würde sogar sagen, dass wir seit beinahe 2000 Jahren der christlichen Religion unterworfen worden sind. Schließlich hat sich doch keiner von uns dafür entschieden, zwangsweise in das Christentum integriert zu werden. Aber genau das geschieht mit der Taufe. Und im Laufe der Kindheit und Jugend wurden wir immer weiter durch die christlichen Vorstellungen indoktriniert und immer wieder mit dem leidenden Jesus am Kreuz konfrontiert. Auch mich hat die Vorstellung viele Jahre lang begleitet – und frustriert und eingeschränkt –, dass man nur durch Leiden weiterkommen kann, dass man leiden muss, um etwas zu erreichen oder um zum Göttlichen zu finden.

Immer mehr Menschen geben sich aber nicht mehr mit dem zufrieden, was ihnen die Eltern erzählt haben, was man ihnen im Kindergarten, in der Schule, auf der Universität und in der Berufsausbildung beigebracht hat und was ihnen Pfarrer, Politiker und Wissenschaftler einzureden versuchen. Immer mehr Menschen versuchen heute, selbstständig zu denken und sich von den alten religiösen, politischen, sozialen und wissenschaftlichen Dogmen zu lösen. Sie suchen nach Alternativen in den modernen Wissenschaften wie der Quantenphysik und in den uralten Weisheitslehren des Ostens wie dem Buddhismus.

Die alte christliche Lebensauffassung lässt sich in Psalm 90 nachlesen: „Unser Leben währt siebzig Jahre, und wenn es hoch kommt, sind es achtzig. Das Beste daran ist nur Mühsal und Beschwer, rasch geht es vorbei, wir fliegen dahin." Und im ersten Buch Mose steht im dritten Kapitel: „Im Schweiße deines Angesichts sollst du dein Brot essen, bis du zurückkehrst zum Ackerboden; von ihm bist du ja genommen. Denn Staub bist du, zum Staub musst du zurück."

Genau das stellen aber immer mehr Menschen heute infrage. Kann es denn sein, dass das Leben tatsächlich nur Arbeit, Leiden und Mühsal sein soll? Noch heute singt der christlich geprägte Sänger Xavier Naidoo mit den Söhnen Mannheims in einem seiner besten Lieder mit dem Titel *Das hat die Welt noch nicht gesehen*: „Doch es ist gut, wie es ist. Der Mensch lernt nur, wenn er Scheiße frisst, sonst reift er nicht."

Kann es aber nicht auch sein, dass ich durch Freude und positive Erfahrungen lerne und reife, dass mir das Leben Freude machen kann, dass ich in meiner Arbeit Erfüllung finden kann, dass es ein Leben außerhalb der Arbeit gibt? Bin ich nicht viel mehr Geist als bloß leblose Materie? Ich kann aufgrund meiner eigenen Erfahrungen alle diese Fragen eindeutig mit einem lauten „Ja!" beantworten.

Und um diesen Gedanken weiterzuführen: Wäre es nicht sinnvoller, ständig eine Beziehung zum Göttlichen zu haben, statt nur dann, wenn es mir schlecht geht und ich Hilfe brauche? Ich habe dies am Beispiel meiner Großmütter beobachten dürfen, die immer dann, wenn sie ein Problem hatten, schnell in die nächste Kirche rannten, ein Kerzlein anzündeten, mühsam auf die Knie sanken, inbrünstig beteten und den göttlichen Beistand erflehten. Warum immer nur beten, wenn man etwas braucht? Warum immer nur beten, wenn man nicht mehr weiter weiß? Warum immer nur beten, wenn es einem schlecht geht? Warum nicht einmal aus purer Lebensfreude und Dankbarkeit beten?

Schicksal und Zufall

Schicksal und Zufall gelten für viele als die zwei Seiten derselben Medaille. Wenn ich mir jetzt aber das Wort Zufall genauer anschaue und es auseinandernehme, komme ich auf „Zu" und „Fall", das heißt, mir fällt etwas zu. Aber was fällt mir zu? Es fällt mir nicht einfach irgendetwas aus heiterem Himmel zu, sondern das, was mir zufällt, geschieht immer aus einem bestimmten Grund.

Wenn ich mich zum Beispiel Ende September oder Anfang Oktober unter einen Apfelbaum setze und mir ein Apfel auf den Kopf fällt, dann ist mir der Apfel zugefallen und zwar direkt auf meinen Kopf. Nun werden viele Leser einwenden: „Was hat das mit mir zu tun? Er ist entweder einfach reif gewesen oder er war wurmstichig und deshalb ist er heruntergefallen. Es war einfach Zufall." Das ist vollkommen richtig, diesen Teil kann ich nicht beeinflussen. Was ich aber beeinflussen konnte und was kein Zufall war, ist die Tatsache, dass ich mich bewegt und unter den Baum gesetzt habe. Und das auch noch zu einer Zeit, in der die Äpfel nun einmal reif sind und vom Baum fallen. So habe ich dem Apfel die Gelegenheit verschafft, mir auf den Kopf zu fallen. Sonst wäre er nämlich einfach zu Boden gefallen.

Karma: Jede Wirkung hat eine Ursache

Und das wiederum ist Karma. Karma besagt ganz einfach: Ich stoße etwas an, dieses kommt in Bewegung und führt zu einem Ergebnis. Oder: Jede Wirkung hat eine Ursache. Ein Beispiel: Wenn ich mich entscheide, Sozialpädagogik zu studieren (der Anstoß), werde ich nach meinem Studium der Sozialpädagogik (die Bewegung) mit größter Wahrscheinlichkeit Sozialpädagoge werden (das Ergebnis). Es sei denn, ich merke während des Studiums, dass mir dieser Beruf überhaupt nicht zusagt, und ich mich für einen anderen entscheide. Dann ändere ich die Richtung und es entsteht daraus etwas Neues. Das ist angewandtes Karma.

Vollkommen unsinnig hingegen ist es, Sozialpädagogik zu studieren, wenn ich Maschinenbauingenieur werden will. Dann führt mein Weg niemals zum erwünschten Ziel. Auch das ist Karma.

Jede Entscheidung, die ich treffe, zieht Karma nach sich. Mein Tag wird anders verlaufen, wenn ich um sieben Uhr morgens aufstehe, als wenn ich bis Mittag schlafe. Meine Beziehung wird anders aussehen, wenn ich nach der Arbeit nach Hause gehe, als wenn ich noch mit ein paar Kollegen in ein Stripteaselokal gehe. Meine Karriere wird anders verlaufen, wenn ich bereit bin, Überstunden zu machen, um ein wichtiges Projekt abzuschließen, als wenn ich darauf bestehe, dass mir der Kugelschreiber oder der Schraubenzieher Punkt 17.00 Uhr aus der Hand zu fallen hat.

> Alles, was heute Realität ist, war einmal nichts weiter als ein Gedanke. Das heißt, der Geist erschafft die Materie.

Ich gebe einen Impuls und aus diesem Impuls entsteht etwas Neues. Aber dieses Neue kann nur entstehen, weil ich diesen bestimmten Impuls gegeben habe. Wenn ich diesen Gedankengang weiterführe, wie es ja im Film *Bleep* getan wird, dann ist das Geben dieses Impulses bereits eine Handlung. Aber vor der Handlung kommt die Überlegung. Ich überlege mir also, was ich mit meiner Zukunft anfangen möchte, und komme möglicherweise zu dem Schluss, dass ich Sozialpädagogik oder Ingenieurswissenschaften studieren möchte.

Alles, was heute Realität ist, war einmal nichts weiter als ein Gedanke. Das heißt, der Geist erschafft die Materie. Leonardo da Vinci dachte, es müsse für den Menschen doch möglich sein, sich in die Lüfte zu erheben und zu fliegen. Die Brüder Wright setzten diesen Gedanken um und es gelang ihnen, zunächst ganze 26 Sekunden lang in der Luft zu bleiben. Antonio Meucci dachte, es müsse für den Menschen doch möglich sein, über weite Entfernungen hinweg miteinander zu reden; Alexander Graham Bell setzte diesen Gedanken praktisch um und ließ einen Telefonapparat patentieren.

James Bowman Lindsay dachte, es müsse für den Menschen doch möglich sein, auch abends noch zu lesen, ohne sich dabei bei Kerzenruß und flackerndem Licht die Augen zu ruinieren; Thomas Alva Edison machte die Glühbirne marktreif. Artur Fischer meldete beim Patentamt über 1100 Erfindungen an, darunter den Dübel und ess- und kompostierbares Kinderspielzeug. All diese Erfindungen begannen mit einem Geistesblitz, einem Gedanken im Kopf. All diese materiellen Dinge haben ihren Ursprung im Geist.

Jedes Gebäude entsteht zuerst irgendwo in den Windungen eines Gehirns, dann auf Papier, jede Autobahn besteht zuerst nur aus einem Einfall, dann aus mit Bleistift gezogenen Linien, jeder Flugzeugträger ist zunächst einmal eine Idee in einem Kopf, jede Atombombe beginnt mit dem Nachdenken über das Unfassbare.

Wer denkt?

Was ist eine Überlegung? Überlegen heißt nachdenken. „Stör mich nicht, ich denke nach", sagen wir und ziehen dabei grüblerisch die Stirn in Falten oder stützen das Kinn schwer in die Hand – wie wir es bei Rodins Skulptur *Der Denker* gesehen haben. Beim Nachdenken über etwas entstehen Gedanken. „Ich mache mir Gedanken." Jeder von uns macht sich Gedanken, auch wenn keiner je einen Gedanken gesehen hat. Aber die Folgen von Gedanken sind sichtbar, denn aus dem Denken entsteht der Wunsch, diese Gedanken praktisch umzusetzen. Und daraus folgt die Handlung, aus der Folgen entstehen. Das ist, sehr vereinfacht gesagt, der Prozess des Karmas.

So weit, so gut, aber nun wird es echt vertrackt. Wer denkt eigentlich diese Gedanken? Wer ist es, der beschließt Sozialpädagogik oder Ingenieurswissenschaften zu studieren? Wer gibt den Anstoß zum Denken? Jeder Leser, der einigermaßen bei Sinnen ist, wird sich nun vermutlich an den Kopf fassen, stöhnen und dann sagen: „Mensch Grube, geht's noch? Erde an Raumschiff Grube 1. Aufwachen! Ich denke! Wer denn sonst? Das ist doch logisch." Hat nicht Descartes gesagt: „Ich denke, also bin ich"?

Die Antwort scheint in der Tat logisch zu sein, aber in Wirklichkeit wird es nun erst richtig kompliziert. Wenn es stimmt, dass ich den Gedanken denke, warum handle ich dann nicht gleich ohne den Umweg über das Denken? Woher kommt der Anstoß zum Denken? Befinden sich zwei Leute in meinem Kopf, die miteinander kommunizieren? Ist es das Herz, das mit dem Verstand kommuniziert? Oder wer redet mit wem?

Gibt es möglicherweise so etwas wie ein Überbewusstsein oder ein zweites Ich, das in Kommunikation mit „mir" tritt? Was ist das „Ich"? Wer bin „ich"? Unabhängig davon, wie man es definieren mag, so kann man doch davon ausgehen, dass es „etwas" gibt, was mich dazu bringt, über etwas nachzudenken.

Wer hat die vielen Erfinder angeregt, zum ersten Mal über ein bestimmtes Thema nachzudenken? Gibt es eine Art „Bewusstseinsfeld“, in dem neue Gedanken entstehen? Warum tauchen dieselben oder ähnliche Erfindungen etwa zur selben Zeit an ganz verschiedenen Orten auf? Ist Faulheit der Antrieb unseres Fortschritts? Oder ist es die Neugierde? Oder kommen neue Ideen gar mit Wassertropfen aus dem All auf die Erde? Wurde unser Planet gar durch Mikroorganismen aus dem Weltall besamt – wie der schwedische Nobelpreisträger für Chemie Svante Arrhenius spekulierte?

Gedanken werden zu Worten, Worte zu Handlungen

Wenn ich mit meiner gegenwärtigen Lebenssituation unzufrieden bin, weil ich keine Arbeit habe, weil mir mein Beruf nicht mehr gefällt, weil mich meine Freundin verlassen hat, weil ich nicht weiß, was ich auf dieser Welt eigentlich soll, weil ich das Gefühl habe, dass irgendetwas in meinem Leben fehlt, weil … weil … weil …, dann kann ich anfangen, diesen Zustand zu ändern, indem ich meine Gedanken ändere.

Wie die alte Weisheit schon sagt: „Achte auf deine Gedanken, denn sie werden zu Worten. Achte auf deine Worte, denn sie werden zu Handlungen.“ Um nichts anderes geht es bei all den vielen Büchern, DVDs und Seminaren, die heute so unglaublich populär sind, gleich ob es sich nun um Bärbel Mohrs Klassiker *Bestellungen beim Universum*, Rhonda Byrnes DVD-Knüller *The Secret*, Pierre Franckhs *Wünsch es dir einfach* oder die Bücher von Abraham-Hicks handelt. Natürlich werden diese Bestseller von der Kritik verrissen und als Quacksalberei oder Murks verunglimpft, aber diejenigen, die die Prinzipien, die in diesen Veröffentlichungen präsentiert werden, tatsächlich anwenden und umsetzen, wissen, dass es letztendlich um nichts anderes geht, als um die Anwendung dieses einfachen Prinzips.

> Es geht darum, unsere Gedanken zu reinigen, bevor wir sie denken. Es geht darum, unsere Worte zu reinigen, bevor wir sie aussprechen.

Es geht letztlich darum, unsere Gedanken zu reinigen, bevor wir sie denken. Es geht darum, unsere Worte zu reinigen, bevor wir sie aussprechen. Viele Menschen achten mittlerweile darauf, was sie in ihren Mund hineintun, hier geht es nun aber darum, auch darauf zu achten, was aus dem Mund herauskommt. Es geht auch darum, unsere Handlungen zu reinigen, bevor wir sie ausführen.

Schon der Buddha sagte: „Spreche oder handle mit unreinen Gedanken und das Unglück wird dich verfolgen, wie das Rad den Ochsen, der den Karren zieht. Spreche oder handle mit reinen Gedanken und das Glück wird dir auf dem Fuße folgen, wie dein Schatten, unerschütterlich."

Es ist im Grunde gleichgültig, womit ich anfange. Ob ich nun bei meinen Gedanken, Worten oder Taten anfange, spielt keine Rolle, denn das eine beeinflusst das andere. Wichtig ist aber, dass ich überhaupt anfange. Am besten noch heute. Wie Erich Kästner sagte: „Es gibt nichts Gutes, außer: Man tut es." Und von Johann Wolfgang von Goethe stammt der Ausspruch: „Es ist nicht genug zu wissen – man muss auch anwenden. Es ist nicht genug zu wollen – man muss auch tun."

Als Einstieg ist es wesentlich leichter, sich seine Handlungen und Verhaltensweisen anzuschauen und diese zu ändern, als bei den Gedanken anzufangen, da diese naturgemäß viel weniger greifbar sind. Ich achte also zum Beispiel darauf, dass ich niemanden verletze, dass ich niemanden belüge, hintergehe, betrüge, übervorteile oder sonst irgendetwas tue, was ihm Schaden zufügen könnte.

Schon allein dadurch, dass ich auf meine Handlungen und Verhaltensweisen achte, merke ich bereits, dass sich auch meine Worte verändern, dass sie ehrlicher und sanfter werden. So entsteht ein positiver Kreislauf aus sich wechselseitig verstärkenden Gedanken, Worten und Handlungen, der im Laufe von Monaten, Jahren und Jahrzehnten dazu führt, dass sich nicht nur die Handlungen und Worte, sondern auch die Gedanken selbst verändern und eine ganz neue Qualität annehmen. So entsteht tief greifende Veränderung.

> Möglich ist ohnehin nur das,
> was wir für möglich halten.

Niemand sollte denken, dass man Denkmuster, die sich aufgrund der Erziehung und des Einflusses der Massenmedien über Jahrzehnte hinweg aufgebaut haben, innerhalb eines Wochenendkurses ablegen könnte. Das geht nicht!!!

Ich korrigiere mich: Das geht im Normalfall nicht. Wenn aber jemand hundertprozentig davon überzeugt ist, dass er es schaffen wird, dann kann es tatsächlich funktionieren. Aber wer von uns ist schon hundertprozentig von etwas überzeugt und hegt nicht den geringsten Zweifel? Wissenschaftler und „Erleuchtete" haben mir aber in zahlreichen Gesprächen immer wieder bestätigt, dass es durchaus möglich ist.

Möglich ist ohnehin nur das, was wir für möglich halten.

Ein Mensch, der fest davon überzeugt ist, dass er es nicht verdient hat, glücklich zu sein, weil er ein schlechter Mensch ist, wird auch niemals glücklich sein – auch wenn er sich nach außen noch so sehr anstrengen mag. Ein Mensch, der tief im Inneren davon überzeugt ist – weil man es ihm in seiner Kindheit lange genug eingeredet hat –, dass er nicht liebenswert ist, wird niemals liebenswert sein, auch wenn er seine negative Grundüberzeugung hinter einer noch so charmanten Fassade versteckt.

Glaube versetzt Berge

Ich bin von meinem jetzigen Erkenntnisstand aus gesehen überzeugt, dass sich Muster und Strukturen, die sich über einen längeren Zeitraum verfestigt haben, nur allmählich wieder auflösen lassen. Ich bin aber ebenso davon überzeugt, dass der Glaube tatsächlich Berge versetzen kann.

Die meisten Menschen, die diesen Ausspruch kennen und gebrauchen, wissen eigentlich gar nicht, worum es dabei wirklich geht. Tatsächlich wissen nur die wenigsten, in welchem Zusammenhang der Spruch gebraucht wird. Im ersten Brief an die Korinther sagte Paulus nämlich: „Und wenn ich prophetisch reden könnte und alle Geheimnisse wüsste und alle Erkenntnis hätte; wenn ich alle Glaubenskraft besäße und Berge damit versetzen könnte, hätte aber die Liebe nicht, wäre ich nichts." Das heißt, Glaube ist nichts ohne Liebe. Erst die Liebe verleiht dem Glauben seine wahre Kraft.

Ein Berg kann aber tatsächlich durch den Glauben versetzt werden, wie heute unglückseligerweise überall auf der Erde demonstriert wird. Das ist nichts Mystisches, dazu ist keine Magie nötig, man braucht nur die geeigneten Werkzeuge. Inspiriert durch diesen Ausspruch wurde möglicherweise der erste Schaufelradbagger erfunden oder die erste Planierraupe. In China wurden dazu einfach Hacken benutzt, wie die Geschichte „Yü Gung versetzt Berge" zeigt. Aber ob die Welt dadurch besser wird, das steht auf einem völlig anderen Blatt.

Yü Gung versetzt Berge

Es gibt eine alte chinesische Legende, die „Yü Gung versetzt Berge" heißt. In ihr wird erzählt, dass vor langer Zeit ein alter Mann namens Yü Gung (närrischer Greis) lebte. Der Weg, der von seiner Haustür nach Süden führte, wurde von zwei großen Bergen versperrt.

Eines Tages beschloss Yü Gung, gemeinsam mit seinen Söhnen, die Berge mit Hacken abzutragen. Die Leute des Dorfes lachten ihn aus und spotteten: „Ihr könnt doch unmöglich diese riesigen Berge abtragen!"

Yü Gung antwortete ihnen freundlich: „Sterbe ich, so bleiben meine Kinder; sterben die Kinder, so bleiben die Enkelkinder und so werden sich die Generationen in einer endlosen Reihe ablösen. Diese Berge sind zwar hoch, aber sie können nicht mehr höher werden; um das, was wir abtragen, werden sie niedriger: Warum sollten wir sie da nicht abtragen können?"

Dann machte er sich, ohne auch nur im Geringsten zu schwanken und ohne den geringsten Zweifel zu haben, daran, Tag für Tag die Berge abzutragen. Das rührte die Götter so sehr, dass sie zwei ihrer Boten auf die Erde schickten, die beide Berge auf dem Rücken davontrugen.

Eine andere Version dieser alten Legende geht so: Als die Götter Yü Gung mit seinen Söhnen am Werk sahen, da erschraken sie und flüsterten: „Wenn dieser närrische alte Greis so weitermacht, dann wird er noch bewirken, dass sich ganze Generationen zusammenschließen, um das Werk mit ihrer eigenen Hände Kraft und der Kraft ihres Willens zu vollbringen. Was soll aus uns Göttern werden, wenn die Menschen auf ihre eigene Kraft vertrauen?

Wer wird uns dann noch verehren? Lasst uns die beiden Berge aus dem Weg räumen, damit Yü Gung seinen Willen hat. Dann werden die Menschen uns als die Vollbringer des Werkes ansehen und uns weiterhin verehren."
Und sie schickten ihre Helfer aus, welche die Berge beiseite räumten.

Heute werden auch ohne göttliche Hilfe in Europa ganze Schlösser abgebaut, nach Übersee verschifft und in den Vereinigten Staaten wieder aufgebaut. Dort ist es auch üblich, dass Häuser auf Schwertransporter verladen und einfach an einen anderen Ort gebracht werden. Das bedeutet der Satz: Glaube versetzt Berge. Wenn ich glaube, dass etwas möglich ist und dementsprechend handle, dann wird es auch möglich sein. Der wichtigste Glaube ist dabei immer der Glaube an mich selbst und an meine eigenen Fähigkeiten. Selbst bei großen Stars beweist sich, dass das größte Talent und die besten künstlerischen Fähigkeiten nichts nützen, wenn der Zweifel ständig an einem nagt. Nur wenn ich überzeugt bin, dass ich etwas kann, dann kann ich es auch.

Aber all den enttäuschten Lesern der verschiedenen Wunscherfüllungsbücher und den frustrierten Teilnehmern an Wunscherfüllungsseminaren sage ich noch einmal: Es funktioniert nicht über Nacht! Es braucht Geduld, Ausdauer, festen Glauben, unerschütterliche Zuversicht und Arbeit, Arbeit und nochmals Arbeit. Übung macht noch immer den Meister oder wie die Hamburger sagen: „Von nix kommt nix."

Hin zur Authentizität

Je mehr ich an mir selbst arbeite, desto mehr Themen decke ich auf, von denen ich vorher noch nicht einmal wusste, dass es sie überhaupt gibt. Und bestimmte Themen, die ich glaubte, bereits abgeschlossen zu haben, tauchen in einer neuen Version wieder auf – aber auf einer höheren Stufe. Man könnte also sagen, dass sich die spirituelle Entwicklung nicht geradlinig, sondern spiralförmig vollzieht. Je höher wir auf dieser Spirale aufsteigen und je tiefer wir unser eigentliches Wesen ergründen, desto mehr werden wir mit immer besser versteckten Strukturen konfrontiert.

Ein großer Irrtum besteht ja darin, dass man meint, irgendwann wäre die Arbeit an sich selbst abgeschlossen und alles wäre nur noch eitel Freude und Sonnenschein. Je mehr Antworten wir finden, desto mehr Fragen ergeben sich daraus. Auf eine neue Antwort kommen zehn neue Fragen. Je mehr ich weiß, desto weniger verstehe ich. Oder wie das Universalgenie Goethe sagte: „Mit dem Wissen wächst der Zweifel."

> Es geht nicht darum, irgendein abstraktes Ziel zu erreichen, sondern darum, ganz zu dem zu werden, der ich bin – also ganz authentisch zu sein.

Es geht bei der spirituellen Entwicklung nicht darum, einen halben Meter über dem Boden zu schweben, sich in seinem eigenen Heiligenschein zu sonnen, mit allen Menschen klarzukommen und ständig Gutes zu tun. Das ist meines Erachtens ein Riesentrugschluss innerhalb der spirituellen Szene. Es geht vielmehr darum, sich selbst und seine Sicht der Dinge zu verändern – und sie dann möglicherweise einfach zuzulassen.

Wenn mir einer blöd kommt, dann kann ich ihn – wenn das mein echtes Gefühl ist und ich mich dabei wohlfühle – freundlich anlächeln, woraufhin der andere vielleicht ebenfalls zu lächeln anfängt. Wenn ich aber das Gefühl habe, so geht es nicht, ich muss diesem Menschen klar aufzeigen, wo meine und seine Grenzen liegen – und das mein echtes Gefühl ist, mit dem ich mich wohlfühle –, dann muss ich das auch tun. Es ist ein Trugschluss zu glauben, ein spiritueller Mensch würde alles mit sich machen lassen und dabei ständig glückselig lächeln. Um noch einmal Erich Kästner zu zitieren: „Nie darfst du so weit sinken, von dem Kakao, durch den sie dich ziehen, auch zu trinken." Das gilt auch für Erleuchtete und solche, die sich dafür halten.

Besonders schön finde ich das sogenannte Gelassenheitsgebet, das der amerikanische Theologe Reinhold Niebuhr während des Zweiten Weltkriegs verfasst haben soll. Es lautet: „Gott, gib mir die Gelassenheit, Dinge hinzunehmen, die ich nicht ändern kann, den Mut, Dinge zu ändern, die ich ändern kann, und die Weisheit, das eine vom anderen zu unterscheiden."

Es geht für mich also nie darum, irgendein abstraktes Ziel zu erreichen, sondern immer darum, ganz zu dem zu werden, der ich bin – also ganz authentisch zu sein.

Sobald ich eine Vorstellung davon habe, wie sich ein Weiser, ein Erleuchteter, ein spiritueller Mensch zu verhalten hat, entferne ich mich immer weiter von mir selbst und verliere mich in Äußerlichkeiten. Das führt ja so weit, dass die Sucher versuchen so auszusehen wie der Meister, sie tragen die gleichen Gewänder, die gleichen Frisuren, eignen sich die gleichen Manierismen an, sprechen wie der Meister und so weiter. Sich selbst kommen sie so aber keinen einzigen Schritt näher.

Auch mit dem sogenannten positiven Denken kommt man

keinen Schritt weiter, wenn man auf den Eisberg der negativen Gedanken einfach einen Schneeball positiven Denkens drauflegt. Wirksam bleibt nämlich immer der Eisberg. Und der Konflikt zwischen dem riesigen Bereich unbewussten negativen Denkens (dem Eisberg) und dem winzigen Bereich bewussten positiven Denkens (dem Schneeball) führt zu einem Konflikt, der sich nicht lösen lässt und irgendwann zur Explosion führen muss.

Alles, was in uns vorhanden ist und zwar unabhängig davon, mit welchem Etikett wir es versehen, hat eine Daseinsberechtigung und möchte gesehen und anerkannt werden. Deshalb ist es die Aufgabe eines Menschen, der bewusst leben möchte, all diese verborgenen Anteile seiner selbst ans Licht zu bringen und sie alle vorurteilsfrei anzuschauen. Dann erlebt man oftmals sein blaues Wunder, denn vieles von dem, was voreilig als negativ klassifiziert worden war, stellt sich bei näherer Betrachtung als positiv heraus. Und irgendwann erkennt man auch, dass die ganze Einteilung in „positiv“ und „negativ“, „gut“ und „schlecht“ eigentlich überhaupt keinen Sinn macht.

Krankheiten sind wie kleine Kinder

Ich glaube fest daran, dass alles „Negative“, das zum Ausdruck gebracht wird, seine Kraft verliert und sich verwandelt. Ich glaube, dass dies auch auf den Bereich Heilung zutrifft, denn Krankheit entsteht durch Dissonanz, durch unbewältigte Konflikte auf verschiedenen Ebenen. Besteht über einen längeren Zeitraum keine Harmonie zwischen Körper, Geist und Seele, muss sich dies irgendwann als Krankheit manifestieren, weil der Konflikt auf Dauer für mindestens einen der drei Aspekte des Menschen unerträglich ist.

Wenn ich nun die Symptome der Krankheit, die mich ja darauf aufmerksam machen wollen, dass etwas in mir aus dem Gleichgewicht geraten ist, unterdrücke, nur um weiter funktionieren zu können, dann wird die Krankheit mit immer stärkeren Symptomen versuchen, meine Aufmerksamkeit zu erregen. Eine Krankheit ist wie ein kleines Kind: Zuerst sagt es „Papi" und zieht mich am Hosenbein, wenn ich ihm aber nicht zuhöre, fängt es an zu schreien und tritt mich gegen das Schienbein. Alles schon selbst erlebt!

> Je weniger ich mich so akzeptiere wie ich bin,
> desto geringer werden meine Chancen, jemals geheilt, heil
> oder erleuchtet zu sein.

Wenn ich mich diesen Symptomen nun aber zuwende und versuche herauszufinden, was sie mir sagen wollen, dann habe ich eine echte Chance, die Krankheit in ein höheres Maß an Gesundheit zu verwandeln. Dazu darf ich natürlich auch die Hilfe von Heilkundlern jeglicher Couleur in Anspruch nehmen, denn niemand kann alles allein schaffen. Das Paradox lautet hier: Ich muss die Krankheit annehmen, damit sie verschwinden kann. Je mehr ich sie bekämpfe, desto stärker wird sie letztendlich werden. Und selbst wenn sie an einer Stelle verschwindet, wird sie sich später an anderer Stelle wieder manifestieren. Langfristige Heilung ist nur dann möglich, wenn ich mich ohne Wenn und Aber vollkommen so annehme, wie ich bin.

Habe ich beispielsweise Krebs, so reicht es nicht aus, vertrauensvoll zum Arzt zu gehen, den Krebs herausschneiden zu lassen oder mich einer Chemotherapie zu unterziehen.

Das ist sozusagen die Erste Hilfe, die im Notfall zur Anwendung kommen muss. Aber nach der Operation und schon während der Chemotherapie muss ich damit beginnen, mein Leben zu ändern, muss ich anfangen, mich selbst zu erforschen und jene Teile von mir, die im Verborgenen wirken, zu erkennen. Tue ich das nicht, werde ich vermutlich eine Weile krebsfrei sein, bis die Krankheit wieder von Neuem ausbricht und sich das Spiel wiederholt.

Niemand sollte darauf verzichten, ärztlichen Beistand zu suchen, aber für eine wirkliche Heilung ist es unerlässlich, die Ursachen des Konfliktes im Wechselspiel von Körper, Geist und Seele zu ergründen und sie aufzuheben. Das Geschwür ist das Symptom, der Hilferuf des Körpers, nicht die Krankheit selbst. Es herauszuschneiden, löst das Problem nur vorübergehend, behebt aber nicht die Ursache.

Lebe ich in einem dauernden Spannungsfeld? Bin ich in meiner Beziehung unglücklich? Fürchte ich mich vielleicht davor, morgens zur Arbeit zu gehen? Habe ich scheinbar unlösbare Probleme mit den Nachbarn? Halte ich mich für einen Versager, für ein Opfer, für einen Verlierer oder gar für einen schlechten Menschen? Wo ist der Konflikt in meinem Leben, der sich auf diese Weise Bahn brechen muss, damit ich ihm endlich die Aufmerksamkeit schenke, die er verdient hat?

Keine Krankheit geschieht zufällig. Jede Krankheit hat eine Ursache. Das Symptom ist nur die Spitze des Eisbergs. Wenn man nur das Symptom beseitigt, beraubt man sich selbst der Chance, den Eisberg zu sehen. Und dann kann es einem wie der *Titanic* gehen. Wie wir auf der Kinoleinwand so eindrücklich gesehen haben, kann nämlich selbst das unsinkbare Schiff sinken.

> Wo ist der Konflikt in meinem Leben, der sich auf diese Weise Bahn brechen muss, damit ich ihm endlich die Aufmerksamkeit schenke, die er verdient hat?

Langfristige Heilung benötigt immer die aktive Mitarbeit des „Patienten“. Wenn ich einen Herzinfarkt habe und nach der lebensrettenden Operation weiterhin wie ein Schlot rauche, weiterhin jeden Tag Eisbein, Weißwürstel und Bratkartoffeln esse, diese Mahlzeit mit sechs Flaschen Bier runterspüle, den Tag sitzend vor dem Computer und den Abend auf dem Sofa liegend vor dem Fernseher verbringe und Spazierengehen für eine Erfindung des Teufels halte, dann darf ich mich nicht wundern, wenn bald der nächste Herzinfarkt folgt. Wenn ich aber nach der lebensrettenden Operation mit dem Rauchen aufhöre, meine Ernährung umstelle, mich regelmäßig bewege, dann darf ich auch zu Recht darauf hoffen, dass mein Herz mir diese Art von Botschaften nicht mehr schicken wird. Und nur so kann langfristige Heilung erfolgen.

Allerdings darf ich mich nicht nur auf die rein körperliche Ebene beschränken. Wenn Heilung wirklich nachhaltig eintreten soll, muss ich neben dem Körper auch immer den Geist und die Seele mit einbeziehen, denn wenn ich meine Herzenswünsche nicht erkenne oder sie verleugne, werde ich auf Dauer nicht gesunden können. Wenn ich „Mauern“ um mein Herz herum gebaut habe, um andere Menschen daraus auszuschließen, wird mir das Herz früher oder später mitteilen, dass es dafür nicht gemacht ist. Ein Herz will lieben, es will sich öffnen, aber ganz sicher will es nicht getrennt von der Welt verkümmern.

Ein weiser spiritueller Heiler wird einem Patienten immer raten, ins Krankenhaus und zu einem Schulmediziner zu gehen, wenn der Patient das Gefühl hat, dort besser aufgehoben zu sein. Gelegentlich kommt es ja schon vor, dass Ärzte Patienten an Komplementär- oder Alternativmediziner überweisen. Wäre es nicht wunderbar, wenn dieser wechselseitige Austausch und diese gegenseitige Befruchtung allgemeine Praxis würde?

Ich stelle mir ein Gesundheitssystem vor, in dem Schul- und sogenannte Alternativmediziner zum Wohle des Patienten Hand in Hand zusammenarbeiten. Dazu ist es notwendig, dass beide Seiten ihre ideologischen Scheuklappen ablegen, aufeinander zugehen, miteinander reden, voneinander lernen und dem Patienten letztlich die Therapieform anbieten, von der dieser am meisten profitieren wird. Nur so können wir zu einem Gesundheitssystem kommen, das erstens den Namen verdient, zweitens bezahlbar ist und drittens langfristige Heilung ermöglicht.

Zu meiner großen Freude beginnt sich diese Zusammenarbeit zumindest in Ansätzen anzubahnen. So bezieht zum Beispiel die Klinik Heiligenfeld in Süddeutschland in ihrem Ansatz auch sehr erfolgreich schamanische Praktiken mit ein, in einer Berliner Klinik arbeiten die Krankenschwestern beispielsweise mit dem *Therapeutic Touch*, einer alternativmedizinischen Behandlungsmethode des Handauflegens.

Unabdingbar ist dabei aber immer die aktive Mitarbeit des Kranken. Es spielt keine Rolle, ob ich mich passiv meinem Hausarzt anvertraue und chemische Medikamente schlucke oder mich beim Chirurgen unters Messer lege oder ob ich mich passiv einer Heilpraktikerin anvertraue und Kräutertinkturen schlürfe oder mir von einem Chiropraktiker die Lendenwirbel wieder einrenken lasse: Wenn ich nicht selbst aktiv werde und die Lebensumstände ändere, die zur Krankheit geführt haben, werde ich immer wieder damit konfrontiert werden – bis ich etwas gelernt habe oder bis der Körper mich als unbelehrbar einstuft und sich verabschiedet.

Ein Gedankenexperiment: Wo bin ich?

Viele Philosophen und spirituelle Meister haben sich mit der Frage beschäftigt: „Wer bin ich?" Bevor wir uns an diese schwere Frage heranwagen, versuchen wir es doch erst einmal mit der Frage: „Wo bin ich?", die doch viel leichter zu beantworten zu sein scheint.

Also los: „Wo bin ich?" „Na hier, das ist doch offensichtlich."

Ist das aber wirklich so? Versuchen Sie einmal das folgende Gedankenexperiment, das der englische Physiker und Psychologe Peter Russell in seinem Buch *Im Zeitstrudel* beschrieben hat. Ob Sie sich anschließend immer noch so sicher sind, wo Sie eigentlich sind?

Wo bin ich?

„Angenommen Ihre Augen würden auf Ihren Bauch verpflanzt, Ihre Ohren auf Ihre Hüften und Ihre Nase auf Ihren Bauchnabel und Sie würden die Welt durch diese Sinnesorgane wahrnehmen, wo würden Sie sich dann wahrnehmen? Im Kopf oder im Bauch? Die naheliegende Antwort scheint zu sein: ‚Irgendwo im Bauch.'

Versuchen Sie ein zweites Gedankenexperiment. Stellen Sie sich vor, Ihre Sehnerven wären an eine Fernsehkamera angeschlossen, Ihre Geruchsnerven an chemische Sensoren und die Nervenenden in Ihrer Haut an empfindliche Membranen, die auf Druck und Temperatur reagieren, sodass alle Ihre Sinneseindrücke nun von dieser Gruppe künstlicher Sinnesorgane kämen.

Stellen Sie sich dann vor, dass diese Geräte in einen Roboter eingebaut würden, der sich im Zimmer nebenan befindet. Wo würden Sie sich jetzt wahrnehmen? Wahrscheinlich im Nachbarzimmer, denn dort befindet sich die Quelle all Ihrer Sinneseindrücke, die Quelle der Informationen, die Sie im Hinblick auf Ihren Aufenthaltsort erhalten.

Wo sind ‚Sie' also? Wo ist das Selbst, das den Raum nebenan wahrnimmt? Befinden Sie sich noch immer in dem ersten Zimmer, in dem sich Ihr Körper und Ihr Gehirn befinden? Oder sind Sie im Nachbarzimmer?

Wenn Sie antworten, dass Sie immer dort sind, wo Ihr Körper und Ihr Gehirn sind, müssen Sie sich die Frage gefallen lassen, woher Sie wissen, wo diese sich befinden. Die einzigen Fakten, die Sie jetzt über das erste Zimmer besitzen, stammen aus Ihrer Erinnerung, da Sie gegenwärtig über keine Wahrnehmung dieses Zimmers verfügen. Es könnte sogar sein, dass ich Ihren Körper in ein anderes Zimmer gebracht habe. Sie hätten unter diesen Umständen keinerlei Kenntnis von diesem Raum und würden nicht annehmen, dort zu sein. In diesem Fall wäre Ihre Annahme, dass Sie sich noch im ersten Zimmer befinden, falsch.

Eine andere Antwort scheint richtiger zu sein. Sie sind dort, wo Sie sich wahrnehmen: in dem anderen Zimmer, in dem sich Ihre ‚Sinnesorgane' befinden. Sie nehmen sich irgendwo hinter der Fernsehkamera, zwischen den Mikrofonen, in der Membran auf dem Roboter nebenan wahr.

Kehren wir zur normalen Situation zurück, in der sich Augen, Ohren und Nase in ihrer ursprünglichen Lage am Kopf befinden. Müssen wir nicht aus dem kleinen Gedankenexperiment schließen, dass Ihre Wahrnehmung, sich irgendwo in der Mitte Ihres Kopfes zu befinden, absolut nichts mit der Tatsache zu tun hat, dass sich Ihr Gehirn in Ihrem Kopf befindet, sondern der Tatsache entstammt, dass Ihre primäre sinnliche Erfahrung der Welt durch Sinnesorgane stattfindet, die sich am Kopf befinden?"

Ich kenne noch eine buddhistische Methode, die diesem Gedankenexperiment ähnelt und die den Schüler zu seinem eigentlichen Selbst bringen soll. Dabei fragt der Meister den Schüler: „Wer bist du?“ Der Schüler antwortet: „Schau mich an, ich bin, was du siehst.“

Daraufhin erwidert der Meister: „Entferne (gedanklich) deine Arme. Wer bist du dann?“ Und er fährt fort: „Entferne deine Beine, deinen Rumpf, deinen Kopf, wer bist du dann? Wenn du alles Physische entfernt hast, wer bist du dann?“ Ja, wer?

Willkommen bei Alice im Wunderland
oder
Die verrückte Welt der *Bleep*-Kongresse

Materie und Energie scheinen zwei Seiten derselben Medaille zu sein. „Wir stellen uns den Raum gern als leer vor und Materie als massiv. Aber Materie ist wirklich im Wesentlichen nichts, völlig substanzlos." (Jeffrey Satinover im Bleep*-Film)*

Oberflächlich betrachtet scheinen materielle Dinge fest zu sein, aber wenn man durch ein Elektronenmikroskop schaut, stellt man verwundert fest, dass sich zwischen „materiellen" Teilchen riesige Leerräume befinden.

Je tiefer man eindringt, desto mehr entdeckt man … NICHTS.

Eines Tages fiel mir ein Buch in die Hände, in dem der weltbekannte Psychologe Daniel Goleman, der auch Autor der *New York Times* ist, die Inhalte wiedergibt, die sich im Rahmen von regelmäßig stattfindenden Diskussionsrunden mit renommierten Wissenschaftlern, dem Dalai Lama und ihm ergeben haben. In diesem Buch mit dem Titel *Die heilende Kraft der Gefühle: Gespräche mit dem Dalai Lama über Achtsamkeit, Emotion und Gesundheit* wurde klar, dass die uralten Erkenntnisse des Buddhismus durch neueste wissenschaftliche Erkenntnisse bestätigt worden waren.

Von der Antike bis zum Anfang des 20. Jahrhunderts hatte man nämlich angenommen, dass ein Atom – wie der Name „das Unzerschneidbare" schon sagt – nicht weiter geteilt werden kann und daher den kleinsten Baustein der Materie darstellt. Später meinte die Wissenschaft entdeckt zu haben, dass Atome zwar feste Materieteilchen sind, aber aus Elektronen und einem Atomkern bestehen. Einige Jahrzehnte später fand man dann heraus, dass der Atomkern aus Protonen und

Neutronen besteht. Die Elementarteilchenphysik entdeckte dann, dass Protonen und Neutronen aus Elementarteilchen, den Quarks, aufgebaut sind. Diese Quarks wiederum werden durch die starke Wechselwirkung zusammengehalten, die durch Gluonen vermittelt wird.

Unglaublich verwirrend, oder? Und jeder Forscher war der Meinung, nun endlich die letztgültige Wahrheit und den kleinsten Baustein der Materie entdeckt zu haben.

> „Materie ist wirklich im Wesentlichen nichts, völlig substanzlos."
> JEFFREY SATINOVER

Fortschrittliche Wissenschaftler aller Disziplinen haben sich heute aber eher der uralten buddhistischen Auffassung angenähert, derzufolge nichts wirklich Substanz hat, sondern „lediglich" aus Energie, aus Bewegung, aus Schwingungen und als Möglichkeit existiert. Gleichermaßen existiert auch kein Vakuum, sondern alles ist erfüllt von Tendenzen und Möglichkeiten.

Materie und Energie scheinen also zwei Seiten derselben Medaille zu sein, wie der *Bleep*-Film erläutert. Dort wird zum Beispiel der Arzt, Psychoanalytiker und Psychiater Jeffrey Satinover folgendermaßen zitiert: „Wir stellen uns den Raum gern als leer vor und Materie als massiv. Aber Materie ist wirklich im Wesentlichen nichts, völlig substanzlos."

Oberflächlich betrachtet scheinen materielle Dinge fest zu sein, aber wenn man durch ein Elektronenmikroskop schaut, stellt man verwundert fest, dass sich zwischen „materiellen" Teilchen riesige Leerräume befinden. Je tiefer man eindringt, desto mehr entdeckt man … NICHTS.

Der vierte *Bleep*-Kongress: Heilung

Seit 2007 organisiere ich alljährlich einen *Bleep*-Kongress (www.bleepkongress.de) mit dem Ziel, Wissenschaft und Spiritualität einander näher zu bringen. Dazu laden wir in- und ausländische Referenten aus unterschiedlichen Bereichen ein, die auf ihren jeweiligen Gebieten als Kapazitäten anerkannt sind. So sind auf den ersten drei Kongressen zum Beispiel der japanische Forscher und Wasserexperte Masaru Emoto, der Regisseur des *Bleep*-Films William Arntz, der Physiker Fred Alan Wolf, der Bewusstseinsforscher Andreas Giger, der Bio-Physiker Dieter Broers, der spirituelle Lehrer Bruno Würtenberger, die Ökonomin Margrit Kennedy, der Gesundheits-Coach Roy Martina und viele andere vertreten gewesen.

Zum Kongress, der im Juni 2010 im Hamburger Kongress-Zentrum stattfand und bei dem es um das Thema Heilung ging, kamen um die 700 Teilnehmer. Als Referenten hatten wir dieses Mal Menschen eingeladen, die alternative Heilmethoden entwickelt oder wegweisende Bücher zum Thema geschrieben hatten, zum Beispiel Joe Dispenza, Lynne McTaggart, Ruediger Dahlke, Eric Pearl, Frank Kinslow und Richard Bartlett.

Besonders die Auftritte von Eric Pearl und Richard Bartlett werden vielen Teilnehmern wohl unvergesslich bleiben, denn als Eric Pearl zum Beispiel Freiwillige mit Schmerzen auf die Bühne bat, stellten diese ziemlich verblüfft fest, dass die Schmerzen schon nach einer kurzen Behandlung verschwunden waren – und das vor mehreren hundert Zuschauern.

Der Naturarzt Richard Bartlett hüpfte auf der Bühne herum wie ein Derwisch auf LSD, er spielte die Luftgitarre so virtuos, dass er für seine Vorstellung wohl einen *MTV Music Award* gewonnen hätte, aber am erstaunlichsten war, dass die Menschen, die er nur leicht berührte, reihenweise umfielen und sich dabei anscheinend großartig fühlten.

Als ich mir die Zuschauer ansah, merkte ich, dass sich etwa die Hälfte angesichts dessen, was sich da auf der Bühne abspielte, ungläubig die Augen rieb und nach Luft schnappte. Wahrscheinlich fragten sie sich, ob sie durch einen Zeittunnel nach Las Vegas transportiert worden und in eine David-Copperfield-Show geraten waren und jede Minute erst die Freiheitsstatue auf der Bühne erscheinen und dann wieder verschwinden würde.

Auch mir kam das Ganze gelinde gesagt „merkwürdig" vor und da ich ein professioneller Skeptiker bin, rannte ich nach der Vorstellung sofort nach draußen, um ihn – Richard, nicht David! – zu konfrontieren. Nachdem ich mit seiner Assistentin gesprochen und einen Termin bei Richard bekommen hatte, erzählte ich ihm, dass ich schon seit mehreren Wochen Kreuzschmerzen hatte. Daraufhin fing er an, mit seinen Händen vor mir herumzuwedeln, in einer Sprache, die vermutlich Englisch sein sollte, auf mich einzunuscheln und mal hierhin zu hüpfen und dann wieder dahin zu hüpfen. Anscheinend stellte er mir irgendwelche Fragen, aber da ich nichts verstand, sagte ich meistens einfach: „Yes". Und dann wurden ganz plötzlich alle meine Muskeln mit einem Mal so locker, dass ich tatsächlich nach hinten umgefallen bin. Glücklicherweise stand ein kräftiger Mann hinter mir, der meine 90 Kilo aufgefangen hat.

> Ich kam mir vor wie eine aufblasbare Gummipuppe.

Interessant war, dass ich mich nicht in einer Trance befand, sondern bei vollem Bewusstsein war und genau mitbekam, was mit mir geschah. Allmählich fingen auch seine Worte an, für mich einen Sinn zu ergeben. Meine Hüfte wäre verschoben, irgendetwas war mit der Wirbelsäule und so weiter und so fort. Und während er erzählte, fuchtelte er weiterhin vor mir scheinbar in meinem Energiefeld herum. Ich fühlte mich unglaublich entspannt und kam mir vor wie Udo, die aufblasbare Gummipuppe. Phänomenal!

Nachdem er fertig war, waren meine Kreuzschmerzen weg. Einfach weg, als wären sie nie da gewesen.

Wer lange genug sucht, findet immer etwas

Mein erster Gedanke war: „Das gibt's doch nicht!" Als ich am nächsten Morgen aufwachte, war mein erster Gedanke: „Sind die Kreuzschmerzen wieder da?" Ich drehte mich auf die Seite, auf den Rücken, auf den Bauch und versuchte, die Kreuzschmerzen zu spüren. So einfach konnte es doch nicht sein.

Das ist ein ganz typisches Denkmuster: Man sucht nach dem Schmerz, der über längere Zeit ein so treuer Begleiter gewesen ist. Man sucht nach dem Vertrauten. Dabei spielt es keine Rolle, ob dieses Vertraute als angenehm oder unangenehm eingestuft wird. Vertraut ist immer irgendwie angenehm. Auch das Leiden hat seinen Charme.

Und tatsächlich: Wenn man nur lange genug sucht, findet man immer irgendetwas. Was dieses Etwas ist, ist nicht ganz klar, es ist wohl eine Art Phantomschmerz oder eine Schmerzerinnerung. Aber durch die Suche wird der Schmerz, der nur noch aus der Erinnerung an den Schmerz besteht, wieder aktiviert und kehrt zurück. Da ich mir diesen Mechanismus aber ziemlich schnell bewusst gemacht und nicht weiter nach dem Schmerz gesucht habe, gelang es mir tatsächlich, wochenlang schmerzfrei zu bleiben.

Vertraut ist immer irgendwie angenehm.
Auch das Leiden hat seinen Charme.

Aber nun schnell zurück zum *Bleep*-Kongress: Später aß ich mit Frank Kinslow, der eine besondere Methode der Quantenheilung entwickelt hat, zu Abend und fragte ihn, ob nicht der Sinn von Schmerz und Krankheit darin bestehen würde, mich darauf aufmerksam zu machen, dass etwas in mir aus dem Gleichgewicht geraten ist, dass etwas in meinem Leben nicht stimmt, wie ich es in dem folgenden Kapitel *Mit dem Wunsch fängt alles an* noch ausführlich beschreiben werde.

Frank erklärte mir, dass der Sinn seiner Arbeit darin bestehen würde, die Menschen in einen Zustand zu bringen, den er als Quelle bezeichnet. Und in diesem Zustand geschieht dann die Heilung vollkommen von selbst. Ich wandte ein: „Ja, aber wenn ihr die Leute heilt, dann habt ihr doch die Umstände nicht geheilt, die dazu geführt haben, dass der Mensch überhaupt erst erkrankt ist. Ihr habt doch nur das Signal ausgeschaltet, aber der Zug fährt doch weiter, oder?"

Wie aus der Pistole geschossen, antwortete er mir, dass das tatsächlich der Fall wäre. ABER!!! … Und nun kommt es. Halten Sie sich gut fest! Bei 15 bis 20 Prozent der Behandelten verändern sich durch die Behandlung auch die Umstände. Indem der Klient in das Nullpunktfeld, die Quelle, den Ursprung oder wie auch immer man diesen Zustand nennen will, hineingebracht wird, stellt sich dort das Gleichgewicht wieder her und wirkt sich auf alle Lebensbereiche aus.

„Und die anderen 80 Prozent?" fragte ich neugierig. „Bei denen hält es eine Weile an und dann stellt sich der ursprüngliche Zustand wieder her." Und genau das sollte auch bei mir nach einigen Wochen geschehen, da sich die alten Muster wieder in meinen Alltag eingeschlichen hatten und ich noch nicht in der Lage war sie zu verändern.

„Das ist doch ein Trick, oder?"

Am selben Abend trank ich mit einigen Freunden noch ein paar Whisky-Cola. (Ich gestehe, es können unter Umständen mehr als drei gewesen sein!) Gerade als ich ins Bett gehen wollte, traf ich an der Hotelbar noch William Arntz, den Regisseur und Produzenten des *Bleep*-Films, und Eric Pearl, dessen Auftritt am Nachmittag mich etwas ratlos und ziemlich skeptisch zurückgelassen hatte. Beide waren leicht angeheitert und trotz der späten Stunde ziemlich aufgedreht, was wohl neben dem Alkohol vor allem auf den Jetlag der beiden zurückzuführen war.

Ich setzte mich mit einem befreundeten Paar zu ihnen und kaum hatten wir Platz genommen, da legte meine Bekannte, die nicht gerade dafür bekannt ist, dass sie besonders schüchtern ist und ein Blatt vor den Mund nimmt, bereits los: „Also, Eric, das war ja alles ganz nett und den beiden Leuten, die du behandelt hast, scheint es ja auch echt besser zu gehen, aber mich hat das Ganze nicht so recht überzeugt. Mein Mann hat sich auch gemeldet, aber den hast du nicht genommen? Warum nicht?"

Eric schaute sie erst etwas verdutzt an, trank sein Glas aus, sah dann ihren Mann an, stand auf und meinte ganz trocken: „Well, let's play." Dann fragte er ihn: „What´s your problem?" Stellen Sie sich doch nur die Szene vor: Es ist halb zwei Uhr in der Nacht, wir befinden uns an der Bar eines renommierten Hamburger Hotels und da steht inmitten der anderen Gäste, die nichts mit unserem Kongress zu tun haben – und wahrscheinlich auch nichts zu tun haben wollen –, dieser Mann auf und beginnt im Abstand von circa zwei Metern vor meinem Freund herumzufuchteln. Die anderen Gäste haben uns angestarrt, als wären wir gerade aus einem intergalaktischen Raumkreuzer gestiegen. Ich fühlte mich einen Moment versucht, mich umzudrehen und zu ihnen zu sagen: „Was guckt ihr? Sind wir Kino?“

Eric Pearl hingegen ließ sich davon überhaupt nicht beeindrucken – vermutlich weil ihm das jeden Tag widerfährt. Sein Herumgefuchtel wurde von gelegentlichen Stöhn- und Ächzlauten begleitet. Zum Schluss sagte er: „Du bist ja wirklich ein ganz schwieriger Fall. Ich weiß wirklich nicht, ob es geklappt hat.“ Dann setzte er sich wieder und bestellte sich noch einen Drink.

Nachdem er daran genippt hatte, wandte er sich wieder meinem Freund zu und fragte ganz freundlich: „Sag mal, was für ein Problem hattest du eigentlich?“ Mein Freund erwiderte: „Ich kann meinen linken Arm nicht höher als bis auf Schulterhöhe heben.“ Sprach's und wollte uns zeigen, was er meinte. Das Problem war nur, dass er den linken Arm locker bis weit über den Kopf gehoben hatte. Mein Freund war so erschrocken, dass er mit offenem Mund da stand und ungläubig seinen Arm anstarrte.

Da mein Freund ein richtiger Verstandsmensch ist, war das Erste, was aus seinem Mund kam, nachdem er die Sprache wieder gefunden hatte: „Das kann gar nicht sein. Morgen früh ist es bestimmt wieder genau so schlimm wie vorher.“ Was für eine Aussage! Er sah es, er fühlte es, er tat es, aber er war nicht in der Lage es zu glauben. Und dann kam noch ein klassischer Satz hinterher: „Das ist doch ein Trick, oder? Das kann es nicht geben.“

Daraufhin hob er den linken Arm noch einmal und konnte ihn wieder problemlos ganz in die Höhe strecken. Eric sah ihn nur sanft lächelnd an und meinte trocken: „Das kostet dich jetzt aber eine Runde.“

Ich lag einen Gutteil der Nacht wach, weil ich über dieses Phänomen nachdenken musste. Am nächsten Morgen am Frühstückstisch hielt ich Ausschau nach meinem Freund, weil ich fast vor Neugierde platzte und unbedingt wissen wollte, ob die Heilung tatsächlich angehalten hatte. „Wie sieht's aus?“ „Es funktioniert immer noch“, antwortete er kleinlaut.

Von außen betrachtet ist anders als von innen erlebt

An diesem Morgen sollte ich einen Vortrag auf dem *Bleep*-Kongress halten. Schon beim Frühstück und auf dem Weg in den Saal hörte ich Kommentare wie „Was war denn das gestern?“, „Der Eric Pearl ist doch ein völlig schräger Vogel“, „Hatten die was geraucht?“ oder „Hast du verstanden, was der Richard Bartlett da gemacht hat?“. Noch ganz unter dem Eindruck des Erlebten trat ich auf die Bühne und als ich in den Saal schaute, kam es mir so vor, als würden bei der Hälfte der Anwesenden große Fragezeichen über den Köpfen schweben. Unwillkürlich musste ich an Wilhelm Busch denken: „Stets findet Überraschung statt, da, wo man's nicht erwartet hat.“

Ich sprach also zunächst darüber, wie sehr die Auftritte der beiden auch mich verwirrt hatten, dass ich später bei den persönlichen Begegnungen aber gespürt hatte, dass sie sich tatsächlich in einem anderen Bewusstseinsfeld befunden hatten, in dem ihnen völlig andere Energien zur Verfügung standen. In diesem Feld konnte dann die Heilung stattfinden, weil dieses Feld wohl so etwas wie unsere Quelle, unser Urzustand, unser Nullpunktfeld ist und will, dass es uns gut geht. Ich weiß, dass diese Aussage ziemlich absurd klingt, aber ich war selbst dort und habe mit eigenen Augen gesehen, dass es geholfen hat. Kritiker werden nun vermutlich einwenden, dass das alles Quatsch ist, aber ich entgegne ihnen: „Wer heilt, hat recht!"

Der Auftritt von Eric Pearl mag ja tatsächlich auf viele Zuschauer ziemlich abstoßend gewirkt haben, denn als er auf der Bühne stand, pries er seine Methode als die einzig wahre an, die jeder im Publikum an einem Wochenende erlernen könne. In Teilen glich sein Auftritt einer amerikanischen Verkaufsshow, was viele der Zuschauer, die ja teilweise selbst aus den alternativen Heilberufen kamen, ziemlich irritiert hat, da er ja dadurch ihre eigenen Fähigkeiten und Erfahrungen infrage stellte.

Ich bin aber froh, dass es diese Vielfalt von Persönlichkeiten gibt, da jeder Mensch dort abgeholt werden muss, wo er gerade ist, weil er vielleicht noch gar nicht offen für diese Energien ist. Verschiedene Menschen fühlen sich von den unterschiedlichsten Persönlichkeiten, Methoden und Theorien angezogen. So kann jeder in der Vielfalt des Angebotenen genau das finden, was ihm zusagt.

Nachdem ich dem Publikum noch von meinen Erfahrungen in der Hotelbar erzählt hatte, spürte ich, wie sich die Zuhörer sichtlich entspannten. Hinterher kamen viele auf mich zu und erzählten mir, dass sie nun wieder eine Verbindung gespürt hätten und sich wieder zugehörig fühlten. Das Phänomen ist eben, dass man, wenn man etwas lediglich von außen betrachtet, es nur mit dem Verstand betrachtet – und Betrachten mit dem Verstand heißt automatisch: beurteilen, bewerten, einordnen, kategorisieren und vergleichen. Denn genau das ist die Aufgabe des Verstands.

Wenn man aber selbst etwas unmittelbar erlebt und direkt daran beteiligt ist, nimmt man dieselben Dinge auf völlig andere Weise wahr. Plötzlich bekommen sie eine andere Bedeutung und die Beurteilung verliert ihren Stellenwert. Statt etwas von außen zu sehen, erleben wir es jetzt von innen, weil wir uns selbst in diesem anderen Bewusstseinsfeld befinden. Die Zuschauer haben also im Grunde etwas völlig anderes gesehen als das, was die freiwilligen Teilnehmer auf der Bühne erlebt haben.

Heilung durch Bewusstheit

Während eines Großteils des Tages leben wir im Verstand und aus dem Verstand heraus, weil wir die Verbindung zu unserer Quelle verloren haben. Die Welt, die uns umgibt, stellt ständig Forderungen an uns; ununterbrochen prasseln Informationen aus allen Richtungen auf uns ein. Wir werden pro Tag vermutlich mit mehr Informationen und äußeren Reizen bombardiert als die Menschen vor 100 Jahren in einem ganzen Jahr ausgesetzt waren. Kein Wunder, dass sich viele von uns ständig überfordert fühlen und erschöpft, ausgelaugt und müde sind.

Zudem wird das Tempo des Lebens immer schneller. Veränderungen ereignen sich in immer kürzeren Abständen; technologische Neuerungen setzen sich in Jahren und nicht mehr in Jahrzehnten durch; Berechnungen, für die früher Jahre benötigt worden wären, können heute in Minuten ausgeführt werden; Nachrichten, die noch vor 50 Jahren wochenlang unterwegs gewesen wären, erreichen den Empfänger nun in Sekundenbruchteilen.

> Alles scheint schneller zu werden –
> und immer mehr.

Wenn früher jemand nach Asien oder Südamerika reiste, war er für Freunde und Angehörige wochenlang verschwunden, die obligate Ansichtskarte kam meistens erst an, wenn er bereits wieder zu Hause war. Heute haben wir mit dem Handy Verbindung in die hintersten Winkel der Erde und können in jedem Kuhdorf ein Internetcafé finden, von dem aus wir mit den Lieben zu Hause per E-Mail kommunizieren oder mit ihnen sogar übers Internet telefonieren können.

Als Folge davon leben wir immer mehr auf der Überholspur des Lebens und sind immer mehr gestresst. Es müssen immer mehr Informationen verarbeitet, noch mehr Herausforderungen bewältigt, ständig neue Fertigkeiten erlernt und immer mehr Aufgaben erfüllt werden. Und interessanterweise scheinen wir dafür aber immer weniger Zeit zur Verfügung zu haben.

Wenn wir uns dann entspannen und zum Beispiel in der Natur spazieren gehen, kann das ganze System sozusagen heruntergefahren werden. Bäume stellen keine Forderungen an uns, Blumen beurteilen uns nicht, Vögeln ist es vollkommen gleichgültig, ob wir Rechtsanwältin oder Fließbandarbeiter sind. Kurz: Die natürliche Welt akzeptiert uns immer genau so wie wir sind – ohne Wenn und Aber.

In dem Augenblick, in dem der äußere Stress von uns abfällt, haben wir die Chance zu uns selbst zu finden, bei uns selbst anzukommen. Wir spüren uns selbst, wir nehmen uns selbst wahr und können tiefer in uns selbst eintauchen. So ist ja auch die Meditation ein Weg, der letzten Endes zu sich selbst führt. In diesen Bewusstseinszustand bin ich zum Beispiel durch die Vermittlung von Richard Bartlett eingetaucht, woraufhin sich alle meine Muskeln so tief entspannt haben, dass ich nicht mehr stehen konnte.

Wenn sich völlige körperliche Entspannung einstellt, sind wir geistig am stärksten und besitzen die größte Vorstellungskraft. In diesem Augenblick können wir auch unser geistiges

Gleichgewicht wiedererlangen und die Denkstrukturen, die dazu geführt haben, dass in unserem äußeren Leben etwas aus der Balance geraten ist, neu organisieren. Manche Menschen bezeichnen diesen Zustand als Nullpunktfeld, andere als Quelle oder Schöpfungsfeld. Auf jeden Fall ist es in diesem Energiefeld möglich, sein Leben gänzlich neu auszurichten – und zwar vollkommen unabhängig davon, wie man es nun bezeichnen mag.

> Die natürliche Welt akzeptiert uns immer genau so wie wir sind – ohne Wenn und Aber.

Ich hatte vor Jahren eine Zeit lang ziemlich starke Schmerzen in einer Hüfte gehabt, für die ich von den Ärzten, die ich aufsuchte, keine Hilfe bekam, weil sie nicht herausfinden konnten, warum ich diese Schmerzen hatte. Ich bekam zwar Tabletten, die die Muskeln entspannen sollten, und Tabletten, die den Schmerz lindern sollten – was sie auch für kurze Zeit taten –, aber das Problem widersetzte sich hartnäckig diesen „Therapien". Frustriert dachte ich über andere Methoden nach und kam darauf, meine Meditationszeiten zur Heilung meiner Hüfte zu nutzen. Während der Meditation habe ich daraufhin ständig Energie in den betreffenden Bereich hineingeleitet und nach eineinhalb Wochen waren die Schmerzen verschwunden, weil ich meine Aufmerksamkeit in konzentrierter Form auf die Stelle gerichtet hatte.

Zusätzlich zur Verlagerung meiner Aufmerksamkeit habe ich natürlich auch mit Affirmationen gearbeitet, um den Prozess mental noch zu verstärken. Durch die Meditation, durch die einsetzende körperliche und geistige Entspannung während der Meditation, durch das Lenken der Energie in die Hüfte und durch die begleitenden Affirmationen war es mir gelungen, die Hüfte zu heilen. Die Schmerzen sind nie wiedergekommen – und das obwohl sie über Monate meine ständigen Begleiter gewesen waren und ich vom Arzt sehr starke Schmerzmittel und Medikamente, die die Entspannung fördern sollten, bekommen hatte. Diese Mittel hatten praktisch nichts genützt. Erst das Eintauchen in einen anderen Bewusstseinszustand hatte eine nachhaltige Heilung bewirkt.

Hinter den Gedanken

Da wir in einer sehr anstrengenden Welt leben, sollten wir uns regelmäßig Auszeiten nehmen, in denen wir darüber nachdenken können, was uns im Leben eigentlich wichtig ist und was wir verändern möchten, und es aufschreiben. Wenn wir dann in den Entspannungsmodus, in das Nullpunktfeld eintauchen, und unsere Wünsche und Vorstellungen präsent werden lassen, haben wir eine Chance, diese auch zu verwirklichen, weil wir dann einen direkten Zugang zum Unterbewusstsein/Bewusstsein haben und uns sozusagen „hinter den Gedanken" befinden.

Heiler wie Frank Kinslow, Eric Pearl oder Richard Bartlett haben aus irgendeinem Grund anscheinend die Fähigkeit, in dieses Feld anderer Menschen einzutauchen. Und dieses wiederum lässt sich sehr leicht aus quantenphysikalischer wie aus mystischer Sicht erklären, da beide Modelle ja davon ausgehen, dass wir nicht wirklich voneinander getrennt sind, sondern in einem gemeinsamen Bewusstseinsfeld existieren.

Stuart Hameroff, Direktor des Zentrums für Bewusstseinsstudien an der Universität von Arizona, sagt im Film: „Das

Wissen, dass diese Vernetzung des Universums besteht, dass wir alle miteinander verbunden sind, dass wir mit dem Universum auf fundamentaler Ebene verbunden sind, ist meiner Ansicht nach eine gute Erklärung für Spiritualität." Und für Heilungsphänomene, wie ich sie beobachten und erleben durfte!

> Wir sind nicht wirklich voneinander getrennt, sondern existieren in einem gemeinsamen Bewusstseinsfeld.

Frank Kinslow machte mit den etwa 700 Zuschauern ein Experiment, bei dem sie sich lediglich auf einen Schmerz konzentrieren sollten. Da ich seit mehreren Jahren häufig einen dumpfen Schmerz im rechten Arm hatte, machte ich auch mit. Der Schmerz verschwand völlig und zwar nur, weil ich Frank zugehört, mich dabei entspannt und mich ganz auf den Schmerz konzentriert hatte. Das bloße Betrachten des Schmerzes hatte dazu geführt, dass er sich verabschiedet hatte. Ohne die Führung durch einen erfahrenen Heiler und seine Anleitung wäre es aber vermutlich nicht möglich gewesen.

Wie wunderbar könnte doch unser Gesundheitswesen, das ja heute überwiegend ein Krankheitswesen ist, sein, wenn diese Art von Heilung mit einbezogen werden könnte. Was würde wohl ein Herr Rösler, unser augenblicklicher Gesundheitsminister (Stand 2010), sagen, wenn er dabei gewesen wäre? Wären ihm da vielleicht ein paar Ideen gekommen, wie man Kosten sparen könnte? Hätte er seinen Augen getraut oder hätte auch er gesagt: „Das ist doch ein Trick, oder? Das kann es gar nicht geben."

Mit dem Wunsch fängt alles an
oder
Sind wir alle voll oder leer?

In meinem Leben ist es zu einer unumstößlichen Tatsache geworden, dass ich nicht ein hilfloses Opfer des Schicksals oder widriger äußerer Umstände bin, sondern dass ich Einfluss auf mein Leben habe, dass ich etwas bewegen kann, dass ich mir tatsächlich das Leben erschaffen kann, von dem ich bisher immer nur geträumt hatte.

All das, was ich früher als negativ empfunden habe, hat sich im Nachhinein als positiver Impuls herausgestellt, mein Leben zu ändern und aus alten Denk- und Verhaltensmustern auszubrechen.

Aber für diese Veränderung braucht es eben auch die Bereitschaft, sich selbst kritisch anzuschauen, Licht in die hintersten Winkel des Bewusstseins zu bringen und Risiken einzugehen.

Kennen Sie den Spruch: „Was interessiert es mich, wenn in China ein Reissack umfällt?“

Diese Reaktion ist zwar verständlich, aber dennoch etwas kurzsichtig, denn ob in China ein Reissack umfällt oder nicht, kann durchaus Auswirkungen auf unser Leben in Europa haben – so unglaublich es auch klingen mag.

Toni Hagen sagte über seine Erlebnisse in Nepal: „In jenen Jahren im Himalaja habe ich gelernt, dass jedes Ereignis – ganz egal, wie nichtig es im Moment zu sein scheint – mit anderen Ereignissen in unserem Leben verbunden ist – selbst wenn sich einem die Verbindung nicht gleich erschließt.“

Das ist mir in vielen Gesprächen, die ich mit Quantenphysikern, „normalen“ Physikern und theoretischen Physikern geführt habe, immer wieder bestätigt worden, denn nach den neuesten Erkenntnissen ist tatsächlich alles im Universum miteinander verbunden. Verbundenheit ist allerdings nicht ganz das richtige Wort, denn die Quantenphysik spricht von „Verschränkung“.

> „Jedes Ereignis – ganz egal, wie nichtig es im Moment zu sein scheint – ist mit anderen Ereignissen in unserem Leben verbunden.“
>
> Toni Hagen

Vereinfacht gesagt bedeutet die Theorie der Verschränkung folgendes: Wenn ich zum Beispiel mit der linken Hand eine Bewegung mache, existiert irgendwo im Universum irgendetwas, das diese Bewegung ebenfalls ausführt. Das geschieht auf diese Weise, weil dieses Etwas in irgendeiner Form durch eine Art unsichtbarer Faden mit meiner Hand verbunden/verschränkt ist, sodass es dieselbe Bewegung ausführen muss. Dieses gilt für alle materiellen und energetischen Phänomene.

Positive Gedanken können negative Auswirkungen haben

Wenn also der berühmte Reissack in China umfällt, hat dieses Umfallen irgendwo auf der Welt eine Entsprechung, eine Folgewirkung. Wenn ich heute einen Gedanken denke oder eine bestimmte Handlung begehe, kann dies irgendwo irgendwann eine Auswirkung haben, von der ich überhaupt nichts weiß und möglicherweise niemals etwas wissen werde. Da wir in einer Welt der Polaritäten leben, in der sich das Gesamtsystem stets im Gleichgewicht befindet, muss es zum Beispiel für jeden positiven Gedanken, den ich denke, irgendwo eine negative Entsprechung geben. So haben meine „positiven" Gedanken möglicherweise anderswo eine „negative" Auswirkung.

Umgekehrt gilt das aber auch. Erinnern Sie sich noch an Goethes Mephisto, der in Faust ausruft: „[Ich bin] ein Teil von jener Kraft, die stets das Böse will und stets das Gute schafft". Gut und böse, positiv und negativ sind eben nicht so einfach zu definieren, wie zum Beispiel anhand der folgenden Geschichte über einen Jungen, dessen Pferd und einem Zen-Meister offenbar wird.

„Mal abwarten!"

Es war einmal ein Junge, der bekam zu seinem Geburtstag ein Pferd und alle im Dorf sagten: „O, wie wunderbar, dass der Junge ein so schönes Pferd bekommen hat." Der Zen-Meister sagte nur: „Mal abwarten".

Eines Tages lief das Pferd weg und alle im Dorf sagten: „O, wie furchtbar, nun hat der Junge kein Pferd mehr." Der Zen-Meister sagte nur: „Mal abwarten".

Drei Wochen später kehrte das Pferd zurück und brachte noch sieben Wildpferde mit. Alle im Dorf sagten: „O, wie wunderbar, dass der Junge so viele schöne Pferde hat." Der Zen-Meister sagte nur: „Mal abwarten".

Zwei Jahre später fiel der Junge vom Pferd, brach sich das Bein und alle im Dorf fingen an zu schreien: „O, wie grauenvoll! Der arme Junge hat sich das Bein gebrochen." Der Zen-Meister sagte nur: „Mal abwarten".

Kurz darauf brach ein Krieg aus und alle jungen Männer wurden von den Soldaten geholt, um zu kämpfen. Alle … bis auf den

Jungen mit dem gebrochenen Bein. Alle im Dorf sagten: „O, wie wunderbar! Der Junge ist ein echter Glückpilz." Der Zen-Meister sagte lakonisch: „Mal abwarten".
Diese Geschichte ließe sich beliebig lange weiterspinnen, aber am Ende sagt der Zen-Meister immer: „Mal abwarten."

Was uns heute als gut erscheint, kann schon morgen in sein Gegenteil verkehrt sein. Was uns heute als schlecht erscheint, kann schon morgen Gutes hervorbringen.

Stellen Sie sich bitte folgende Situation vor: Sie sind seit Jahren unglücklich mit Ihrer Arbeit. Da sich diese Einstellung auf die Qualität Ihrer Arbeit auswirkt, werden Sie eines Tages entlassen. Gut oder schlecht? Ich denke gut, denn erstens sind Sie den Job los, mit dem Sie unglücklich waren, und zweitens können Sie sich nun nach einem Job umsehen, der Ihnen größere Befriedigung verschafft. (Liebe Leser, ich freue mich schon jetzt auf Ihre E-Mails und Blog-Einträge, damit ich Ihnen meine Sichtweise näher erläutern kann.)

Oder: Sie leben seit Jahren von Hartz IV und gewinnen plötzlich sieben Millionen Euro im Lotto. Gut oder schlecht? Ich denke schlecht, denn da Sie seit Jahren im Zustand des Mangels gelebt haben, werden Sie nun mit größter Wahrscheinlichkeit über die Stränge schlagen und das Geld mit vollen Händen zum Fenster hinauswerfen. Am Ende wird Ihnen wieder nur Hartz IV bleiben.

Und noch ein Beispiel: Sie vertragen keinen Alkohol und fallen schon nach einem Glas Bier um. Gut oder schlecht? Schlecht, weil Ihnen dadurch der Aufenthalt in Kneipen und die Gesellschaft betrunkener Leute vergällt ist. Gut, weil Ihnen Ihr Körper eindeutig gezeigt hat, dass er keinen Alkohol möchte.

Gegen den Krieg zu sein, ist nicht so schwer, für Frieden zu sein hingegen sehr

Im Universum gibt es weder „gut" noch „schlecht". Gut und schlecht sind Erfindungen des Menschen, der alles, was er haben möchte und was ihm angenehm ist, als gut bezeichnet, und alles, was er nicht haben möchte und was ihm unangenehm ist, als schlecht bezeichnet. Schauen Sie sich doch nur einmal das berühmte chinesische Yin-Yang-Symbol an, das aus zwei ineinander verschlungenen „Fischen" besteht, von denen einer weiß (Yang) und einer schwarz (Yin) ist. Zusammen bilden sie ein Ganzes, eine Einheit. Sie gehören einfach zusammen – so wie „gut" und „schlecht" zusammengehören!

Zurück zum positiven Denken: Ruediger Dahlke hat das einmal sehr schön erklärt. Er meinte, dass beispielsweise die Aktivität von Friedensaktivisten, die gegen den Krieg protestieren, ihre eigene Aggressivität und Negativität aber leugnen, dazu führt, dass sich diese Aggressivität und Negativität irgendwo entladen muss. Sei es auf individueller Ebene als Krankheit im eigenen Körper, auf partnerschaftlicher Ebene als häusliche Gewalt oder auf kollektiver Ebene als Gewalt unter verschiedenen Bevölkerungsgruppen. Sie finden diese Aussagen provokativ? Da haben Sie ganz recht, denn wie kann es denn sein, dass wir zwar für den Frieden demonstrieren, aber dadurch den Krieg initiieren? Denken Sie einmal über dieses Paradox nach.

Und seien wir doch mal ehrlich: Es ist leicht zu sagen: „Ich bin gegen den Krieg." Das sagen schließlich auch alle Generäle und Rüstungsfabrikanten. Aber wenn ich sage: „Ich bin für den Frieden", was genau bedeutet das? Was genau ist meine Vorstellung von Frieden? Kann ein Mensch, der keinen Frieden mit sich selbst geschlossen hat, sich überhaupt vorstellen, wie Friede unter den Völkern aussehen könnte?

Kann ein Mensch, der keinen inneren Frieden kennt, sich überhaupt vorstellen, was äußerer Friede bedeuten könnte?

Kann ein Mensch, der keinen inneren Frieden kennt, sich überhaupt vorstellen, was äußerer Friede bedeuten könnte?

Das klingt ziemlich deprimierend, oder? Man bekommt ja das Gefühl, es wäre besser, nicht für etwas zu sein, weil man dadurch ja möglicherweise genau das Gegenteil bewirkt. Aber ich denke nicht, dass es so ist. Ich möchte nur darauf aufmerksam machen, dass es nicht ausreicht, äußere Veränderungen zu fordern, wenn man nicht bereit ist, innere Veränderungen zuzulassen. Es langt nicht, den Schatten in der Welt zu bekämpfen und „Brüder zur Sonne, zur Freiheit" zu rufen, man muss auch den Schatten in sich selbst erkennen und die eigenen Denk- und Verhaltensstrukturen an die Sonne bringen, damit sie im Licht frei werden können.

Letztendlich sind alle Revolutionen nicht nur an den schwierigen äußeren Umständen gescheitert, sondern vor allem daran, dass die alten Menschen eine neue Gesellschaft aufbauen wollten. Mahatma Gandhi hat gesagt: „Du musst die Veränderung sein, die du in der Welt sehen willst." Diejenigen, die unter einer Diktatur im Gefängnis gesessen haben oder ins Exil verbannt worden waren, werden – sobald sie an der Macht sind – meistens zu noch größeren und noch korrupteren Despoten, was man in neuerer Zeit am Beispiel von Ajatollah Chomeini im Iran oder von Jean-Bertrand Aristide in Haiti sehen kann.

Wirklicher Friede muss im Inneren beginnen

Ich bin sehr dafür, dass Menschen sich engagieren und für ihre Überzeugungen eintreten, aber ich frage mich, warum es heute mehr Kriege gibt als je zuvor – und das trotz der vielen Massendemonstrationen, Tausenden von Erleuchtungsbüchern und Selbstverbesserungsseminaren ohne Ende. Ich frage mich, was wirklich nötig ist, damit wir in Frieden miteinander leben können.

Ich bin davon überzeugt, dass jeder Einzelne bei sich selbst anfangen muss. Dann kann er in seinem Bewusstsein, in seiner Familie, in seiner Nachbarschaft, in seiner Stadt und irgendwann auch in seinem Land Veränderungen bewirken. Konfuzius wird der Spruch zugeschrieben: „Es ist besser eine Kerze anzuzünden, als über die Finsternis zu klagen." Nicht indem ich wütend auf und ab hüpfe und herumschreie: „Alles muss sich ändern!", sondern indem ich mich ändere, verändere ich meine mittelbare und unmittelbare Umgebung und damit letztlich auch die Welt. Frieden beginnt immer bei mir selbst. Nicht auf der Straße, sondern in mir selbst muss ich die Friedensfahne schwenken.

Wenn ich mich verändere, sehen das meine Frau und meine Kinder, und da sich die Veränderung positiv auf mein Verhalten ihnen gegenüber auswirkt, werden sie natürlich neugierig werden und mich fragen, was ich gemacht habe. Dann bemerken Freunde diese Veränderung und werden neugierig und fragen. Und so weitet sich der Kreis allmählich immer weiter aus und schließt immer mehr Menschen mit ein, die dann vielleicht selbst anfangen wollen sich zu verändern.

> „Es ist besser eine Kerze anzuzünden,
> als über die Finsternis zu klagen."
> KONFUZIUS

Im Internet habe ich mir eine Karte angeschaut, auf der die gegenwärtig stattfindenden Kriege und bewaffneten Konflikte zu sehen sind. Erschütternd! Und es vergeht doch kein Tag, an dem in den Nachrichten nicht über Krieg und Bürgerkrieg, Gewalt und Terror, Massenvergewaltigungen und Völkermord berichtet wird. Und das obwohl doch angeblich niemand Krieg will. Angesichts der Situation in Asien, Afrika und Südamerika ist es unglaublich, in welchem Friedensluxus wir in Mitteleuropa schwelgen dürfen. Und das obwohl Europa Jahrhunderte lang ein einziges Schlachtfeld gewesen war.

Ich will meinen Gedankengang noch ein wenig weiter spinnen. Ist es nicht sogar so, dass wir Europäer gelernt haben, in Frieden mit unseren Nachbarn zu leben, gerade weil wir Jahrhunderte des Krieges und der Gräueltaten hinter uns haben? Sitzen heute nicht ehemalige Erzfeinde wie Frankreich und Deutschland an einem Tisch, weil sie wissen, dass keines von beiden Ländern einen weiteren Krieg überstehen würde? Hat nicht letzten Endes der Krieg zum Frieden geführt? Hatte vielleicht auch hier Mephisto, „ein Teil von jener Kraft, die stets das Böse will und stets das Gute schafft", seine Hand im Spiel?

Heute die Hölle, morgen das Himmelreich

Was ist also positiv und was ist negativ? Der alte Zen-Meister sagte dazu lakonisch: „Mal abwarten." Und ein neuerer Fußball-Meister aus Bayern meinte trocken: „Schau'n mer mal." Auf jeden Fall sollte man sich hüten, vorschnell zu urteilen. Am besten wäre es allerdings, überhaupt nicht zu urteilen. Denn das, was wir heute als Hölle empfinden, können wir schon morgen unser Himmelreich nennen.

Das, was ich als negativ empfinde, kann mich zu einem Umdenken bewegen, und damit ist es als Impuls positiv. Durch dieses Umdenken habe ich neue Gedanken und gehe neue Wege, die mich in eine vollkommen andere Zukunft bringen. Erst in der Rückschau kann ich dann das, was mir einst so großen Schmerz bereitet hat, als das sehen, was zu einer großen Freude geführt hat. Die Freundin, die mich verlassen hat, hat es meiner Frau ermöglicht, in mein Leben zu treten. Der Kompagnon, von dem ich mich ungerecht behandelt gefühlt hatte, hat es mir ermöglicht, meine eigene Firma zu gründen. Die Unzufriedenheit mit meiner bisherigen Arbeit hat dazu geführt, dass ich *Bleep* entdeckt habe.

Gut und böse, angenehm und unangenehm, positiv und negativ sind rein menschliche Erfindungen. Kein anderes Wesen auf dieser Erde teilt die Welt auf diese Weise ein. Oder haben Sie schon einmal erlebt, dass eine Katze Sie für böse gehalten hat, weil Sie ihr das falsche Futter gegeben haben? Sie frisst es einfach nicht, streicht Ihnen aber trotzdem um die Beine. Haben Sie schon einmal erlebt, dass ein Baum sich von Ihnen weggeneigt hat, weil er Ihre Gegenwart als unangenehm empfand? Er steht einfach da und beschützt Sie vor dem Regen.

Was ein Mensch als angenehm empfindet, das ist für den anderen unangenehm. Was der eine für wahr hält, ist für den anderen eine Lüge. Für den Westen ist Osama bin Laden der

Teufel persönlich, für viele Araber ist er ein Freiheitskämpfer. Wilhelm Tell war für die Habsburger ein Mörder und Terrorist, für die Schweizer ist er ihr Nationalheld. Die Franzosen verehren Napoleon, obwohl die von ihm angezettelten Kriege Millionen Tote gefordert haben. Die Italiener sind noch heute stolz auf Julius Cäsar und das trotz des Leids, das er mit seinen Legionen über die benachbarten Völker gebracht hat. Hätte Deutschland den Krieg gewonnen, wie würde man heute wohl Adolf Hitler sehen?

Der Dalai Lama hat einmal zu mir gesagt: „Du darfst nie beurteilen, was im Augenblick geschieht, denn es ist möglich, dass daraus etwas entsteht, das diesem diametral entgegengesetzt ist. Und dann wirst du die ganze Situation vollkommen anders definieren."

> Indem ich Situationen oder Menschen so annehme wie sie sind, höre ich auf, sie zu beurteilen.

Am besten wäre es wohl, wenn wir nichts mehr beurteilen, sondern alles annehmen würden wie es ist. Dadurch würde sich in uns eine große Entspannung einstellen und wir müssten keine Mauern mehr um uns herum errichten, die andere Menschen ausschließen. Dann würden möglicherweise Dinge geschehen, von denen wir jetzt nicht einmal zu träumen wagen.

Indem ich Situationen oder Menschen so annehme wie sie sind, höre ich auf, sie zu beurteilen. Ich lasse also alle meine vorgefassten Meinungen und Vorurteile, meine verkrusteten Denk- und Verhaltensstrukturen, die alle aus der Vergangenheit stammen und mit der konkreten gegenwärtigen Situation oder dem Menschen nur sehr wenig zu tun haben, beiseite und konzentriere mich ganz auf das, was mir gegenübersteht.

Nur weil Ihnen (wenn sie eine Frau sind) Männer zigmal wehgetan haben, muss Ihr neuer Freund Ihnen nicht automatisch auch wieder wehtun. Wenn Sie aber glauben, dass alle Männer ohnehin Verbrecher sind, dann werden Sie genau den Mann anziehen, der Ihre Meinung bestätigt. Nur weil Sie schon dreimal durch eine Prüfung gefallen sind, müssen Sie nicht auch automatisch durch die nächste fallen. Wenn Sie aber davon überzeugt sind, dass Sie sowieso ein Versager sind, dem nie etwas gelingt, dann werden Sie wohl auch diese Prüfung nicht bestehen.

Wenn ich etwas Neues möchte, muss ich mir meiner alten Denkmuster bewusst werden, die dazu geführt haben, dass ich bisher immer wieder in den alten Verhaltensweisen stecken geblieben bin. Erst wenn ich diese Muster erkannt habe, kann ich sie beseitigen, und erst wenn ich sie beseitigt habe, kann sich mein Leben wirklich und von Grund auf ändern. Dann kommen nämlich neue Menschen, neue Situationen, neue berufliche Chancen auf mich zu, die sich im Einklang mit meinen neuen Mustern, Wünschen und Visionen befinden. Dann ziehe ich das aus der äußeren Welt an, was ich in meiner inneren Welt verwirklicht habe. Oder wie das Sprichwort sagt: „Gleich und gleich gesellt sich gern." Das hat Jesus gemeint, als er laut dem Matthäus-Evangelium sagte: „Wer hat, dem wird gegeben."

Unsere Gedanken formen unsere Realität

Der Film *Bleep* hat Millionen Menschen auf der ganzen Welt gezeigt, dass sie nicht hilflose Opfer des Schicksals oder widriger äußerer Umstände sein müssen, sondern dass sie Einfluss auf ihr Leben haben, dass sie etwas bewegen können, dass sie sich tatsächlich das Leben erschaffen können, von dem sie bisher immer nur geträumt haben – oder nicht einmal zu träumen gewagt haben. Millionen Menschen sind durch den Film inspiriert worden, ihre alten Denk- und Verhaltensweisen zu hinterfragen, und haben erkannt, dass es tatsächlich ihre Gedanken sind, die ihre Realität formen.

In meinem Leben und meiner Realität ist das eine unumstößliche Tatsache geworden, denn all das, was ich früher als negativ empfunden habe, hat sich im Nachhinein als positiver Impuls herausgestellt, mein Leben zu ändern und aus alten Denk- und Verhaltensmustern auszubrechen. Ich stehe heute besser da als jemals zuvor. Aber für diese Veränderung braucht es eben auch die Bereitschaft, sich selbst kritisch anzuschauen, Licht in die hintersten Winkel des Bewusstseins zu bringen und Risiken einzugehen – denn eine Garantie, dass jeder Weg zum erwünschten Ziel führt, die gibt es nicht. Wie sang doch Marius Müller-Westernhagen in seinem Lied *Ganz und gar*: „Vielleicht können wir ja siegen und den Himmel jetzt schon kriegen. Ja, vielleicht können wir ja siegen, mit ‚nem Leben ohne Lügen. Doch Garantien gibt uns keiner, kein lieber Gott, auch der nicht, leider."

Der Wunsch, den ich seit vielen Jahren gehegt hatte, nämlich im spirituellen Bereich zu arbeiten, Wissenschaft und Spiritualität einander näher zu bringen, Menschen zu vernetzen und Ideen zu verbreiten, an die ich glauben kann, ist nach einigen Umwegen tatsächlich wahr geworden.

Niemand muss daran glauben, aber jeder darf für sich selbst herausfinden, ob an der Auffassung, dass wir unser

Leben selbst erschaffen, etwas dran ist oder nicht. Aber man darf sich nicht nur lustig darüber machen und alles unüberprüft in den Dreck ziehen. Wenn man die Ideen, die in *Bleep* zum Ausdruck gebracht werden, nicht versteht, nicht nachvollziehen kann oder ihnen ablehnend gegenübersteht, dann sollte man doch wenigstens sich selbst und anderen Menschen gegenüber genügend Respekt aufbringen und es zumindest eine Zeit lang ausprobieren. Oder gilt für den Kritiker (von denen es viele gibt!) womöglich der alte Satz von Christian Morgenstern: „Weil, so schließt er messerscharf, nicht sein kann, was nicht sein darf"?

Wer heilt, hat recht

Das eben Gesagte gilt auch für Heilung. Wenn Heilung funktioniert, kann man doch nicht bestreiten, *dass* sie funktioniert, nur weil man nicht versteht, *wie* sie funktioniert. In Südamerika zum Beispiel gehen die armen Leute auf dem Lande, wenn sie krank sind, nicht zu einem westlich ausgebildeten Arzt (den es dort gar nicht gibt!), sondern zu einem traditionellen Heiler, einem Schamanen.

Schamanen, von denen viele Frauen sind, verlangen in der Regel kein festes Honorar, die Leute geben ihnen einfach, was sie entbehren können, sei es ein bisschen Geld, einen Beutel Mais oder ein Meerschweinchen. Ein Schamane wird niemanden ablehnen, nur weil er ihn nicht bezahlen kann, da er sich als Instrument höherer Kräfte und seine heilerischen Fähigkeiten als Gottesgabe sieht, mit der eine große Verantwortung verbunden ist und gewisse Verpflichtungen einhergehen.

Manchmal werden solche Behandlungen auch bei uns im Fernsehen im Rahmen sogenannter Dokumentationen gezeigt. Man sieht dann den Schamanen rauchen und trinken, tanzen, singen und schwitzen, das Blut spritzt, Gedärme oder undefinierbare Gegenstände werden aus den Körpern gezogen. Kurz: Es findet ein richtiges Spektakel statt. Der westliche Zuschauer schwankt zwischen Verblüffung, Entsetzen und Erstaunen.

Und nun kommt aus dem Off die sonore, vertrauenerweckende Stimme des Kommentators, zum Beispiel die eines Joachim Bublath, der die verehrten Zuschauer darauf aufmerksam macht, was gleich geschehen wird. Die Szene wird noch einmal in Zeitlupe gezeigt, die Kamera zoomt auf die Hände des Heilers und siehe da, man sieht, dass er ein Stück Ziegenleber in der Hand hält. Natürlich rufen nun alle „Trick" und „Scharlatan". Mit einem haben die Kritiker recht, es war tatsächlich ein Trick, so wie auch die Gabe einer Zuckertablette statt des erhofften Wundermittels gegen Bluthochdruck ein Trick war.

Aber nicht nur beim Placebo funktioniert der Trick, auch beim Schamanen funktioniert er. Denn der Patient eilt geheilt von dannen. Die Schulmediziner und professionellen Skeptiker stürzen sich nun auf den einen Aspekt des Vorgangs wie die Geier auf das Aas, aber sie ignorieren den anderen Aspekt ebenso wie die Geier einen Lebenden ignorieren würden, der neben der Leiche hockt. Denn der Trick hat dazu geführt, dass das Vertrauen des Patienten in die Fähigkeiten des Heilers gestärkt wurde, was dazu geführt hat, dass die Heilung tatsächlich stattgefunden hat. Da kann ich nur sagen: „Wer heilt, hat recht!" Und nicht: „Wer meint, alles besser zu wissen und seine beschränkte Weltsicht niemals infrage stellt, hat recht."

Die Indios gehen in dem Bewusstsein zum Schamanen, dass sie durch ihn oder sie geheilt werden. Daran glauben sie aus tiefstem Herzen, weil der Glaube an die Kräfte des Schamanen seit Jahrhunderten tief in ihrer Kultur verwurzelt ist. Der Trick, den der Schamane anwendet, verstärkt ihre Überzeugung, dass sie bei ihm in guten Händen sind und geheilt werden. Letztlich sind es also ihre Gedanken, die die Heilung bewirken. Aber wenn der Heiler sie nicht mit in sein Bewusstseinsfeld nehmen könnte, würde diese Heilung nicht stattfinden. Sie brauchen den Heiler, denn aus sich heraus könnten sie sich nicht heilen.

> Heilt die Tablette oder heilt die Überzeugung,
> dass die Tablette heilt?

Wissen wir denn, ob das bei der modernen Medizin anders ist? Heilt die Tablette oder heilt die Überzeugung, dass die Tablette heilt? Der bereits zitierte Arthur Schopenhauer hat dazu gesagt: „Es gibt nur eine Heilkraft und das ist die Natur; in Salben und Pillen steckt keine. Höchstens können sie der Heilkraft der Natur einen Wink geben, wo etwas für sie zu tun ist." Heilt die Operation oder heilt der Glaube, dass die Operation heilt? Der Biochemiker Joe Dispenza sagt im Film *Bleep*: „Wir sind Realität produzierende Maschinen." Ich glaube eher nicht, dass wir Maschinen sind, daher würde ich die Aussage so umformulieren: „Wir sind Realität produzierende Organismen."

Eine interessante Anekdote am Rande ist noch, dass in den letzten Jahren einige der traditionellen Heiler angefangen haben, weiße Kittel anzuziehen, weil der Glaube an die westliche Medizin auch in den Ländern Südamerikas und Asiens zunimmt und der weiße Kittel das Symbol der westlichen Medizin überhaupt ist. Seither hat die Erfolgsrate dort sogar noch zugenommen. Nicht umsonst sprechen ja auch wir von „Halbgöttern in Weiß".

Ich stehe auf und wandle – die Selbstheilung eines Querschnittsgelähmten

Nun kenne ich aber andererseits persönlich einige Menschen aus unserem Kulturkreis, denen schulmedizinisch nicht geholfen werden konnte und die daraufhin von einem Heiler und einem Schamanen zum anderen gereist sind. Aber auch diese bei ihren eigenen Leuten sehr erfolgreichen Heiler konnten ihnen nicht helfen.

Clemens Kuby, der einige Dokumentarfilme zu diesem Thema gemacht hat, ist einer, der bei verschiedenen Heilern Hilfe gesucht hatte, da er seit einer Meniskus-Operation vor einigen Jahren immer wieder starke Schmerzen im linken Knie hatte. Nichts half. Im Laufe seiner Arbeit hatte er so viele Heiler erlebt und so viele „Tricks" gesehen, dass er im Innersten nicht daran glauben konnte, dass es wirklich funktioniert. Dann begegnete Clemens Kuby nach sechseinhalb Jahren Schmerzen in Nepal einer tibetischen Heilerin namens Lamo Dolka, durch die eine tibetische Gottheit wirkt und heilt. Der Dalai Lama bezeichnet diese Gottheit als „schamanistische Manifestation kosmischer Kräfte".

Die von der Gottheit ergriffene Heilerin bohrte Clemens Kuby einen Holzstab ins Knie, was diesem dermaßen unerträgliche Schmerzen verursachte, dass er sich nur mit Mühe zurückhalten konnte, nicht laut loszuschreien. „Diese Schmerzen sind heftiger als alle, die ich vorher hatte. Ich könnte schreien. Muss das so wehtun? Braucht mein Bewusstsein diesen Schmerz, damit es von der Behandlung überzeugt ist und das Notwendige in meinem Gehirn veranlasst, damit mein Knie geheilt wird?"

Erst durch diese Tortur, bei der einiges Blut floss, gelang es ihm, aus dem Verstand herauszutreten und in einen Zustand einzutreten, in dem Heilung geschehen konnte. Die ganze Prozedur hat er übrigens für seinen Film *Unterwegs in die nächste Dimension* aufnehmen lassen. Auch er ist davon überzeugt, dass unser Gehirn die Wirklichkeit, in der wir leben, und damit das, was wir für real halten, in jedem Augenblick selbst erschafft. „Die geistige Absicht ist das alles Entscheidende."

Das hat Clemens Kuby aber nicht aus Büchern gelernt, sondern am eigenen Leib erfahren dürfen – oder, je nach Sichtweise, erfahren müssen –, denn 1981 wurde bei ihm nach einem Sturz aus einem Fenster in 15 Meter Höhe eine Querschnittlähmung diagnostiziert. Trotz aller negativen Prognosen genas er dank intensiver Auseinandersetzung mit sich selbst, seinen Mustern und seinen Lebensumständen so weit, dass er wieder laufen konnte, was nach dem Verständnis der westlichen Medizin an ein Wunder grenzt. Durch seine Bettlägerigkeit zu äußerer Untätigkeit „verdammt", fiel er häufig in einen Zustand, den man als Quelle oder als Nullpunktfeld bezeichnen könnte. Erst danach begann er, sich intensiv mit Themen wie Buddhismus, Geistheilung und Alternativen zur westlichen, von Materialismus geprägten Lebensweise auseinanderzusetzen.

> „Die geistige Absicht ist das alles Entscheidende."
> Clemens Kuby

Kuby sagte dazu: „Wenn man einmal das Bewusstsein erlangt hat, dass der Mensch ein geistiges, sich selbst heilendes Wesen ist, dann kann man jedes Symptom, und wenn es nur ein Schnupfen ist, als Gelegenheit begreifen, etwas zu lernen. Das ist das Geschenk, das uns Krankheiten machen. Der Sinn des Lebens ist, sich zu entwickeln. Jedes Wesen will sich entwickeln. Jeder strebt nach Glück. Es gibt immer Einflüsse von außen. Aber die Frage ist doch, warum reagiere ich darauf? Es werden ja nicht immer alle krank. Wir reden dann von Glück oder Pech gehabt, statt der Sache auf den Grund zu gehen und herauszufinden, was will mir die Krankheit sagen."

Trotz aller negativen Einflüsse von außen, trotz aller Autoritäten, die ihm einzureden versuchten, dass er nie wieder in der Lage sein würde zu gehen (der Rollstuhl war schon bestellt), gelang es Clemens Kuby sich selbst zu heilen. Die Ärzte haben wenig getan, um ihn bei seiner Heilung zu unterstützen, aber viel, um ihn auf ein Leben im Rollstuhl vorzubereiten.

In den vielen langen Nächten, in denen er entweder auf dem Rücken lag oder mit dem ganzen Bett gedreht wurde, sodass er mit dem Gesicht nach unten liegen konnte, hat er zu sich selbst gefunden und ist – wenn man so will – zu seiner Quelle zurückgekehrt. Und in diesem Zustand ist dann die Heilung erfolgt. Seither bereist er die Welt, macht Filme über das Phänomen Heilung und Selbstheilung und hält Vorträge zum Thema. Seinen eigenen Heilungsprozess hat er in seinem Buch *Heilung – Das Wunder in uns* beschrieben.

Als er die Ärzte, die ihn „behandelt" hatten, fragte, warum er trotz ihrer negativen Prognosen geheilt war und wieder gehen konnte, bekam er als einzige Reaktion die Standardantwort, die Schulmediziner geben, wenn sie sich etwas nicht erklären können und nicht weiterwissen: „Das war eben eine Spontanheilung." Was Spontanheilung ist, konnte ihm aber niemand erklären. Daher machte er sich auf den Weg, um herauszufinden, wie Heilung eigentlich funktioniert.

Auf diesem Weg fand er eines heraus: Das, an das wir glauben, wird zu unserer Realität. Wenn ich daran glaube, dass ich nie wieder laufen werde, dann werde ich auch nie wieder laufen können. Wenn ich aber felsenfest davon überzeugt bin, dass ich wieder laufen werde, dann werde ich dies auch irgendwann tun.

Davon bin auch ich fest überzeugt. Der Glaube kann tatsächlich Berge versetzen. Ich weiß aus eigener Erfahrung, dass es funktioniert.

Der Wunsch ist der Vater des Erfolgs

Das bringt mich nun zu Filmen wie *The Secret* von Rhonda Byrne und Büchern wie *Bestellungen beim Universum* von Bärbel Mohr oder *Wünsch es dir einfach* von Pierre Franckh, dessen neuestes Buch *Wünsch dich schlank* einschlug wie eine Bombe. Kritiker bemängeln vor allem, dass das alles viel zu einfach ist, dass es doch so einfach überhaupt nicht sein kann, weil wir doch sonst alle längst reich, erleuchtet, schlank und gesund sein müssten. Und tatsächlich scheint es der Lebenserfahrung der meisten Menschen zu widersprechen, dass man sich nur etwas zu wünschen braucht, um es zu bekommen. Niemand würde sich doch wünschen, arm, arbeitslos oder krank zu sein, argumentieren sie. Wirklich niemand?

Ich kenne Pierre Franckh ein wenig und er weiß tatsächlich, wovon er spricht. Sowohl seine eigenen Erfahrungen als auch neueste wissenschaftliche Erkenntnisse, aber vor allem die unzähligen Zuschriften seiner Leser haben bestätigt, dass es tatsächlich klappt. Aber es klappt eben nur, wenn man ganz fest daran glaubt. Wenn ich mir also wünsche, gesund zu sein, dabei aber die ganze Zeit nur daran denke, wie krank ich bin, dann tritt immer der stärkere Gedanke in den Vordergrund und wird zu meiner Realität. Wenn ich mir wünsche erfolgreich zu sein, aber gleichzeitig davon überzeugt bin, dass ich schon immer ein Versager war, jetzt ein Versager bin und immer ein Versager sein werde, dann erfüllt sich diese Überzeugung und nicht mein aufgepfropfter Wunsch. Erinnern Sie sich noch an den Eisberg und den Schneeball? Was hat wohl die größere Wirkung?

> Der stärkere Gedanke tritt immer in den Vordergrund
> und wird zur Realität.

Was ist diese Wunschkraft? Ich ziehe als Vergleich gern ein Wirtschaftsunternehmen heran. Der Besitzer (der Verstand) hat eine Vision, versucht seinen Mitarbeitern (dem Unterbewusstsein) diese Vision zu vermitteln, diese machen sich dann an die Arbeit (die Handlung), um sie zu verwirklichen. Wenn Visionen zu Handlungen werden, können sie zur Realität werden. Machen die Mitarbeiter (das Unterbewusstsein) aber nicht mit und sabotieren das Vorhaben, wird sich die Vision niemals verwirklichen lassen und immer nur ein frommer Wunsch ohne jede Kraft bleiben.

Woher aber kommt die Vision? Masaru Emoto, der japanische Wasserforscher hat erklärt, dass jedes Jahr Millionen Tonnen Wassertropfen aus dem All auf die Erde prasseln – was übrigens auch durch Aufnahmen der NASA belegt ist. Wasser ist aber der Träger von Informationen. Woher kommen diese Informationen? Das wissen wir nicht, aber wir wissen, dass allen großen Erfindungen ein Gedanke, ein Geistesblitz, vorausging. Und interessanterweise ist es bei großen Erfindungen wie zum Beispiel dem Automobil so, dass an verschiedenen Orten auf der Welt verschiedene Leute gleichzeitig an derselben Erfindung gearbeitet haben.

Mir stellt sich angesichts dieser Tatsachen die Frage: Woher kamen diese Ideen so plötzlich? Entstanden sie, wie Rupert Sheldrake sagen würde, aus dem morphogenetischen Feld der Gesellschaft, aus einer Matrix? Oder wurde das Automobil einfach aufgrund der Faulheit der Menschen entwickelt? Wir setzen uns heute wie selbstverständlich in ein Auto, ohne zu realisieren, dass es sich dabei um ein wahres Wunderwerk der Technik und ein Beispiel dafür handelt, wie Visionen zur Realität werden.

Materielle Realität entsteht im Bewusstsein

Wenn wir sagen „Was für das Automobil, die bemannte Raumfahrt oder die künstliche Befruchtung gilt, das gilt für alle Bereiche menschlichen Denkens und Handelns", dann werfen uns die Kritiker reines Wunschdenken (was es ja auch ist!), Unseriosität und Bauernfängerei vor. Hätten die großen Erfinder aller Zeiten auch so gedacht, würden wir wohl immer noch in zugigen Höhlen leben, unsere Nahrung im Rohzustand verschlingen und uns in stinkende Bärenfelle kleiden. Mit dem Auto würden wir ganz sicher nicht fahren.

Unsere materielle Realität entsteht zuerst immer im Bewusstsein. Bewusstsein bringt Gedanken hervor, Gedanken bringen Worte hervor, Worte bringen Taten hervor und durch Taten entstehen neue Dinge. Dieses Schöpfungsbewusstsein hat weder Anfang noch Ende, es vollzieht sich in immer neuen Zyklen, in einem endlosen, niemals endenden Kreislauf. Das allerdings können wir mit unserem Verstand nicht erfassen.

Ein Experiment

Denken Sie jetzt auf keinen Fall an einen grünen Elefanten.

Mit ziemlicher Sicherheit werden Sie jetzt an einen grünen Elefanten gedacht haben, denn das Gehirn kann nicht an nichts denken. Und so denkt es an einen Elefanten, den es gar nicht gibt.

Jetzt stellen Sie sich bitte etwas vor, das grenzenlos ist. Oder etwas, das endlos ist. Ewig. Unendlich. Immer schon da gewesen. Stellen Sie sich Leere vor. Nichts.

Können Sie das? Ist es Ihnen gelungen? Ich bezweifle es, denn unser Gehirn kann sich Dinge nicht vorstellen, die nicht in seine Erfahrungswelt passen. Und alles in unserer sinnlich erfahrbaren und gedanklich konstruierbaren Welt ist begrenzt, hat ein Ende, ist vergänglich, hat einen Anfang und ein Ende, hat Substanz und ist etwas.

Apropos Gehirn: Wissen Sie, wie es funktioniert? Wissen Sie, wie Sie denken? Von Jostein Gaarder, dem Autor des Bestsellers *Sophies Welt* stammt der folgende Spruch: „Wenn das Gehirn des Menschen so einfach wäre, dass wir es verstehen könnten, dann wären wir so dumm, dass wir es doch nicht verstehen würden."

Es entspricht nicht den Fähigkeiten des Verstandes, sich Dinge vorzustellen, die seinen Horizont übersteigen. Das ist die schlechte Nachricht. Im *Bleep*-Film sagt William Tiller, emeritierter Professor an der Stanford University: „Es ist Zeit für eine Kurskorrektur unserer Flugbahn, unseres Abenteuerpfads. Und diese Kurskorrektur ist die Bewegung zu einem neuen Paradigma hin. Es ist eine Erweiterung des Alten. Es besagt nur, dass das Universum größer ist, als es in unserem Modell war. Es ist immer größer als in unserer Vorstellung."

Wissenschaftliche Erkenntnisse spiegeln den jeweiligen Bewusstseinsgrad wider

Die gute Nachricht aber ist, dass wir gar nicht versuchen müssen, uns Dinge wie „leer“, „endlos“, „unendlich“ und so weiter vorzustellen, da wir sie direkt erfahren können. Nur, um diese Erfahrung zu beschreiben, fehlen uns dummerweise die geeigneten Worte.

Wir wissen aber, dass das, was vor 20 Jahren noch als der Weisheit letzter Schluss galt, heute längst überholt ist. Und so bleibt uns die Hoffnung, dass wir in 20 Jahren noch weiter sein werden als heute und dass wir weitere Rätsel des Universums entschlüsselt haben werden. Mal abwarten.

Vor 20 Jahren hatte die Menschheit ein anderes Bewusstsein und kam daher zu anderen Ergebnissen. Denken wir daran, dass der Beobachter das Experiment beeinflusst und dass wir das finden, was wir zu finden erwarten. Heute haben wir bereits ein anderes Bewusstsein und entdecken daher auch andere Dinge.

Viele Wissenschaftler haben das Atom immer weiter untersucht und festgestellt, dass es im Grunde aus leerem Raum besteht. Aber dieser leere Raum ist nicht wirklich leer. Professor Hans-Peter Dürr bezeichnet diesen leeren Raum als Bewusstsein, andere nennen ihn sogar Gott. Ich würde übrigens den Begriff *Gott* am liebsten völlig aus unserem Wortschatz verbannen, da dieser Begriff ein Wesen impliziert, das nach allem, was wir bisher wissen, nicht existent ist. Bei den meisten Menschen entsteht bei dem Wort *Gott* sofort die Vorstellung eines allmächtigen Wesens und eines alten Mannes mit langem weißen Bart. Ich ziehe es vor, vom „Göttlichen“ zu sprechen, da dies ein eher neutraler Begriff ist, der nicht sofort Bilder in unserem Gehirn entstehen lässt. Tatsache ist, dass wir in diesem leeren Raum alle untrennbar miteinander verbunden sind. In diesem leeren Raum entsteht das, was hinter den Gedanken steht.

Wenn also jemand sagt: „Wünsch es dir einfach“, dann klingt das banal und viel zu simpel. Aber tatsächlich steckt die ganze Kraft dieses Bewusstseinsfeldes hinter jedem unserer Wünsche. Es ist wichtig, eine Vision zu entwickeln, eine Vision meines Lebens, das ich führen möchte, eine Vision meiner Arbeit, eine Vision meiner Partnerschaft, eine Vision von allem, was ich mir vorstelle und wünsche.

Immer wieder wird das berühmte Beispiel vom roten Sportwagen angeführt, den sich angeblich alle wünschen würden. Und dieses Beispiel wird immer wieder als Beweis dafür gebracht, dass es mit dem Wünschen nicht klappt. Aber jetzt mal ehrlich: Wie viele Menschen haben wirklich als dringlichsten Wunsch, einen roten Sportwagen vor der Tür stehen zu haben? Sie vielleicht? Ich jedenfalls nicht. Ich denke, es geht doch eher um ganz andere Dinge wie Gesundheit, Glück, Erfolg und – ja – auch Reichtum (wie auch immer man Reichtum definieren mag).

Der Teufel verkleidet sich häufig als gute Fee

Wenn man anfängt, sich bewusst das Leben zu erschaffen, das man haben möchte, dann ist es ratsam mit kleinen, überprüfbaren Dingen anzufangen, denn bei großen Dingen wie sie beispielsweise in der Johannes B. Kerner Show vom 22. Januar 2008, zu der auch ich eingeladen wurde, genannt wurden: einen Mercedes für alle Zuschauer (Johannes B. Kerner), Südostasien zu kaufen oder „meinen Po irgendwo in Hawaii über die Reling meines Segelschiffs zu hängen“ oder hinten im Garten eine riesige Diamantenmine zu finden (Jacky Dreksler), nie versiegende Potenz für jeden Mann (Désirée Nick), lässt sich die Wirksamkeit naturgemäß viel schlechter überprüfen.

Meiner Meinung erfüllen sich so große Wünsche in der Regel nicht, sollten sie sich aber dennoch erfüllen, so bin ich mir ziemlich sicher, dass derjenige, der es sich gewünscht hat, damit nicht umgehen kann. Man denke doch nur an den Hartz-IV-Empfänger, der ein paar Millionen im Lotto gewinnt, und nach ein paar Jahren doch wieder von Hartz IV leben muss, weil er mit dem plötzlichen „Geldsegen" nicht fertig wurde. In einem solchen Fall sollte man ohnehin wohl eher von „Geldfluch" sprechen. Plötzlich hat er nämlich 1000 Freunde, von denen er vorher gar nichts wusste, und wird mit garantiert risikolosen Investitionsmöglichkeiten, Spendenaufrufen und herzzerreißenden Bettelbriefen überschüttet. Das alles hat sich der Lottogewinner mit Sicherheit nicht gewünscht, aber genau das sind die Begleiterscheinungen plötzlichen Reichtums.

Das eben Gesagte möchte ich hier noch präzisieren, um Missverständnisse zu vermeiden: Ich darf mir durchaus große Dinge wünschen und sie können auch in Erfüllung gehen, aber nur wenn dahinter ein echter Herzenswunsch steckt, wenn ich mich mit ganzer Energie für die Verwirklichung dieses Wunsches einsetze und wenn sich der Wunsch im Einklang mit meinen tiefsten Überzeugungen befindet.

Die Wunscherfüllung wird sich aber ganz sicher nicht einstellen, wenn man den Wunsch einfach nur so flapsig dahinsagt wie bestimmte Menschen von der Presse oder aus der Comic-Abteilung eines Hugo Egon Balder. Übrigens gibt es bei allen Differenzen, die ja in der Johannes B. Kerner Show offen zutage getreten sind, eine bemerkenswerte Übereinstimmung. Herr Balder und ich beschäftigen uns beide mit derselben Sache, die eben ihre zwei Seiten hat: Er befasst sich vor allem mit dem Un-Sinn, ich eben mit dem Sinn des Lebens.

Ich wiederhole hier noch einmal meine Mahnung: „Man muss gut aufpassen, was man sich wünscht, denn Wünsche materialisieren sich häufig in einer Form, die man sich so nicht gewünscht hat."

In dem Film *Teuflisch* mit Liz Hurley als Teufel wünscht sich der geborene Versager Elliot Richards, der von Brendan Fraser gespielt wird, reich zu sein und mit Alison, einer Kollegin, in die er unsterblich verliebt ist, verheiratet zu sein. Der Teufel gewährt ihm den Wunsch und als Elliot aufwacht, ist er tatsächlich steinreich und mit seiner Angebeteten verheiratet. Der Haken ist nur: Er ist nun ein kolumbianischer Drogenbaron und seine Frau betrügt ihn mit dem Gärtner. Als er sich wünscht, ein Frauenversteher zu sein, wacht er auf und ist schwul. Als er sich einen athletischen Körper wünscht, wacht er im Körper eines Superathleten auf – aber mit einem winzig kleinen Penis, für den seine Angebetete nur Hohn und Spott übrig hat. Jeder erfüllte Wunsch verwandelt sich schnell in einen Albtraum.

Daher ist es wichtig herauszufinden, was unser innerster Wunsch ist, was einem am wichtigsten im Leben ist. Darum geht es.

> Wünsche materialisieren sich häufig in einer Form, die man sich so nicht gewünscht hat.

Wunscherfüllung ist letztlich nur ein Aspekt des Gesetzes des Karmas. Ich stoße etwas an, es kommt ins Rollen und wenn ich nicht gut aufpasse, kann es durchaus sein, dass ich davon überrollt werde. Deshalb sollte ich mir sehr klar darüber sein, was genau ich mir wünsche. Wenn ich das weiß und mir etwas wünsche, spreche und handele ich anders und aus diesem anderen Sprechen und Handeln entsteht meine neue Realität.

Denken muss durch Fühlen verstärkt werden

Pierre Franck betont ebenso wie Rhonda Byrne in *The Secret* die Wichtigkeit des Fühlens. Ich muss mir vorstellen, dass mein Wunsch bereits wahr geworden ist, ich muss ihn mit jeder Faser meines Wesens fühlen. Wenn ich in einer Stadtwohnung lebe, aber eigentlich viel lieber auf dem Lande leben möchte, muss ich öfter aufs Land fahren und mich zurück in meiner Stadtwohnung so bildhaft wie möglich daran erinnern, wie es dort gewesen ist. Ich muss die Gerüche riechen, als ob ich da wäre. Ich muss die Geräusche hören, als ob ich da wäre. Ich muss alle meine sinnlichen Fähigkeiten mobilisieren, damit mein Traum Wirklichkeit werden kann.

Als ich Pierre Franckh einmal zu Hause besuchte, zeigte er mir einen kompletten Wandschrank voller Ordner mit begeisterten Leserbriefen und E-Mails. Anscheinend funktioniert das Wünschen eben doch, allen Skeptikern, die immer wieder versuchen, das Ganze ins Lächerliche zu ziehen, zum Trotz.

Und noch eine Frage zum Schluss dieses Kapitels: Warum wünschen sich eigentlich so viele Menschen ein anderes Leben? Doch sicher nicht, weil sie so gesund, glücklich, erfüllt und zufrieden wären, oder was meinen Sie?

Ein Experiment

Falten Sie ein Blatt Papier längs in der Mitte. Schreiben Sie nun auf die linke Seite zehn Dinge, die Sie auf keinen Fall möchten, und nummerieren Sie sie. Zum Beispiel: Ich bin krank. Ich bin arm. Ich bin allein. Und so weiter.

Schreiben Sie nun auf die rechte Seite zehn Dinge, die Sie sich auf jeden Fall wünschen und nummerieren Sie sie ebenfalls. Zum Beispiel: Ich bin gesund. Ich bin reich. Ich habe eine wunderbare Familie.

Achten Sie darauf, dass Sie die positiven Wünsche auf jeden Fall in der Gegenwartsform und auf positive Weise formulieren, also nicht: Ich wäre gern nicht mehr krank, sondern eben: Ich bin gesund.
Streichen Sie nun jeden negativen Wunsch einzeln so dick durch, bis Sie ihn nicht mehr lesen können. Und sagen Sie dabei laut: „Ich lasse diese Vorstellung los, weil sie keinen Platz in meinem Leben hat."
Falten Sie das Blatt dann so um, dass Sie die linke Seite nicht mehr lesen können. Unterstreichen Sie die positiven Wünsche nun einen nach dem anderen und sagen Sie dabei laut: „Dieser Satz ist Wirklichkeit."

Nehmen Sie nun ein neues Blatt Papier zur Hand und reduzieren Sie die ursprünglichen zehn Wünsche auf fünf. Überlegen Sie sich sehr gut, welche fünf Wünsche Ihnen am wichtigsten sind. Sie dürfen dabei selbstverständlich auch einen alternativ formulierten Wunsch aufschreiben, in dem vielleicht zwei oder drei Wünsche enthalten sind, die in den ursprünglichen zehn enthalten waren.
Unterstreichen Sie die positiven Wünsche nun einen nach dem anderen und sagen Sie dabei laut: „Dieser Satz ist Wirklichkeit."

Nehmen Sie nun ein neues Blatt Papier zur Hand und reduzieren Sie die fünf Wünsche auf drei. Überlegen Sie sich sehr gut, welche drei Wünsche Ihnen am wichtigsten sind.
Unterstreichen Sie die positiven Wünsche nun einen nach dem anderen und sagen Sie dabei laut: „Dieser Satz ist Wirklichkeit."

Und zum Schluss nehmen Sie wieder ein neues Blatt Papier zur Hand und reduzieren die drei Wünsche auf einen einzigen Wunsch. Überlegen Sie sich sehr gut, welcher Wunsch Ihnen am wichtigsten ist.
Unterstreichen Sie diesen positiven Wunsch nun und sagen Sie dabei laut: „Dieser Satz ist Wirklichkeit."

Schreiben Sie ihn anschließend auf mehrere Zettel und verteilen Sie diese überall im Haus, an Ihrem Arbeitsplatz und im Auto, damit Sie mehrmals am Tag daran erinnert werden und der Wunsch in Ihnen lebendig werden kann.

Dieses Experiment mag Ihnen möglicherweise einfach nur blöd, sinnlos oder gar schwachsinnig erscheinen, aber fragen Sie sich doch einmal selbst, wann Sie zum letzten Mal ernsthaft darüber nachgedacht haben, wie Ihr Leben aussehen soll, was Sie vom Leben erwarten, was Sie wirklich haben wollen und wie Sie wirklich leben möchten.

Lassen Sie diese Fragen in sich wachsen. Aber fangen Sie *jetzt* damit an, Ihre Wahrheit zu gestalten, sodass aus ihr die Realität Ihres neuen Lebens werden kann. Dieses neue Leben beginnt nicht nächstes Jahr. Es beginnt nicht nächsten Monat. Es beginnt auch nicht nächste Woche oder morgen. Es beginnt JETZT!

Der Dalai Lama und meine Wenigkeit
oder
Ist der Dalai Lama auch nur „Mensch“?

Warum soll ich der normalen Welt entfliehen? Warum soll ich der Partnerschaft entfliehen, keinen Sex haben, keine Kinder zeugen, keine Familie haben, keinen Alkohol trinken, kein Fleisch essen? Was darf ich denn überhaupt noch?

Bin ich denn in diese Welt hineingeboren worden, um ihr zu entsagen?

Ist es nicht gerade meine Aufgabe, selbst herauszufinden, was ich kann und was ich darf, was mir guttut und was nicht? Ist es nicht meine Aufgabe, mich in dieser Welt und in den Umständen, in die ich geboren wurde, zurechtzufinden und nach den Dingen zu suchen, die mir wahrhaftige Erfüllung bringen?

Der Dalai Lama ist weltweit wohl einer der angesehensten spirituellen Führer, ja eine der angesehensten Persönlichkeiten des öffentlichen Lebens überhaupt – außer in China, was wohl in der Natur der Sache liegt. China betrachtet den Dalai Lama ja als Aufwiegler und gefährlichen Separatisten, während für die Deutschen laut Bildzeitung der Dalai Lama die moralische Instanz schlechthin ist – und gleichzeitig weitaus beliebter als der deutsche Papst ist. Sollte er jemals nach Deutschland umziehen, dürfen wir wohl mit der Schlagzeile rechnen: „Jetzt sind wir Dalai Lama!“ Es ist schon eine Ironie der Geschichte, dass der Dalai Lama weltweit so geachtet, in China aber geächtet ist. Wenn er nach Deutschland kommt, füllt er große Hallen wie ein Popstar und selbst Menschen, die normalerweise wenig mit Spiritualität am Hut haben, pilgern mit leuchtenden Augen scharenweise dort hin, um einen modernen Weisen live zu erleben.

Regelmäßig taucht der Dalai Lama auf den Titelseiten von Zeitschriften und Zeitungen auf, die normalerweise der Boulevardpresse zugerechnet werden, und sorgt in den Ländern, die er – wie ein Staatsoberhaupt – besucht, jedes Mal für politische Verwirrung, weil die meisten Politiker ihn zwar empfangen möchten, weil es sich einfach gut macht, sich mit ihm fotografieren zu lassen, sie es sich gleichzeitig aber nicht mit dem allmächtigen China verderben wollen.

Erinnern Sie sich noch an den peinlichen Vorfall mit dem früheren deutschen Außenminister Klaus Kinkel, der durch eine geschickte Drehbewegung verhinderte, dass der Dalai Lama ihm eine Khata, den traditionellen weißen Begrüßungsschal der Tibeter, um den Hals legen konnte. Das hätte ja als Affront gegen die chinesischen Herrscher gewertet werden können, mit denen man schließlich Geschäfte machen will. Der frühere Kanzler und noch früherer Menschenrechtsaktivist Gerhard Schröder hielt bewusst Abstand zum Dalai Lama und umwarb dafür die Chinesen um so mehr, während sein grüner Außenminister Joschka Fischer und der hessische CDU-Ministerpräsident Roland Koch, also zwei Charaktere, die unterschiedlicher nicht sein könnten, anscheinend keinerlei Berührungsängste hatten.

Buddhismus ist „in"

Eines ist mir aufgefallen: In einer Zeit, in der Politiker, Wissenschaftler, Sportler, Künstler und sonstige Persönlichkeiten des öffentlichen Lebens normalerweise ständiger Beobachtung und Kritik ausgesetzt sind, ist der Dalai Lama von all dem weitgehend verschont geblieben. Taucht doch einmal eine zaghafte Kritik an ihm auf, verschwindet sie auch sehr schnell wieder. Wer will denn schon ernsthaft diesen gottgleichen Übergutmenschen mit dem wunderbaren Lachen kritisieren?

Das liegt zum Teil wohl daran, dass viele Menschen im Westen ihr Glück im Buddhismus suchen. Nach den ständig neuen Enthüllungen über Pädophile in der katholischen Kirche, dem Fall von Trunkenheit am Steuer bei einer evangelischen Bischöfin und der im Allgemeinen äußerst blutigen Geschichte des Christentums, suchen viele Menschen nach einer Alternative. Der Islam ist angesichts der ständigen Bedrohung durch islamistische Terroristen wenig attraktiv – außer für zornige junge Männer, die so schnell wie möglich ins Paradies zu den 72 Jungfrauen kommen wollen. Das Judentum ist aufgrund seiner teils extremen Strenge auch nicht besonders verlockend, hinduistisches Kastendasein nicht jedermanns Sache, also bleibt der Buddhismus, der sich Gewaltfreiheit und Toleranz auf die Fahnen geschrieben hat und zudem noch mit Tenzin Gyatso, besser bekannt als der 14. Dalai Lama, einen Repräsentanten besitzt, der weitaus attraktiver ist als beispielsweise Ajatollah Chomeini oder Joseph Alois Ratzinger, alias Papst Benedikt XVI.

So ist der Buddhismus im Westen zu einer regelrechten Mode- oder Trendreligion geworden. Es galt und gilt in gewissen Kreisen noch immer als sehr chic, Buddhist zu sein – auch wenn viele nur relativ schwammige Vorstellungen davon haben, was das eigentlich genau bedeutet. Irgendwie hat es wohl etwas mit Räucherstäbchen, Buddhastatuen, Zimmerspringbrunnen, Klangschalen und dergleichen modischen Accessoires zu tun. Achten Sie einmal im Fernsehen darauf, in wie vielen Fernsehserien oder -filmen eine Buddhafigur in der Wohnung steht. Sie werden erstaunt sein.

Nicht überall, wo Dalai Lama draufsteht, ist auch Dalai Lama drin.
Aber verkaufen tut es sich immer gut.

Auch ein paar Bücher des Dalai Lama im Bücherregal schaden sicherlich nicht, auch wenn man sie wahrscheinlich nie gelesen hat. Aber gut aussehen tun sie allemal. Wenn man beim Internet-Buchversand *amazon* unter der Rubrik *Bücher* das Stichwort „Dalai Lama" eingibt, kommt man immerhin auf etwa 3200 Treffer. Wann er wohl all diese Bücher geschrieben hat?

Selbst die deutsche Heavy-Metal-Band *Rammstein* entblödete sich 2004 nicht, ein Lied mit dem Titel *Dalai Lama* aufzunehmen, dessen Text zwar Goethes *Erlkönig* nachempfunden ist, aber nicht den geringsten Bezug zum Dalai Lama hat. Nicht überall, wo Dalai Lama draufsteht, ist eben auch Dalai Lama drin. Aber verkaufen tut es sich immer gut.

Begriffe wie Karma, Reinkarnation oder Meditation werden heute in einer Unterhaltung so selbstverständlich gebraucht wie die Begriffe Energie, Mantra und Tantra. Viele bekannte Schauspieler, Sänger und Sportler bekennen sich heute offen zum Buddhismus. *Kill-Bill*-Darstellerin Uma Thurman ist schon als Buddhistin geboren worden, da ihr Vater Robert Thurman ein langjähriger Freund des Dalai Lama ist. Richard Gere ist ebenfalls ein enger Freund des Dalai Lama, Kylie Minogue und Harrison Ford wohl auch; Tina Turner, Cindy Crawford und Leonardo DiCaprio sind ebenso Buddhisten wie Tiger Woods oder Mehmet Scholl, der sich ein Bild des Dalai Lama auf den Oberarm hat tätowieren lassen – also muss da doch etwas dran sein. So viele Prominente können sich doch wohl nicht irren, oder?

Ich selbst bewege mich ja seit vielen Jahren im Rahmen des Buddhismus und finde es persönlich sehr gut, dass sich Prominente dazu bekennen und die Verbreitung im Westen fördern. Was ich aber oft vermisse, ist einerseits der gesunde Menschenverstand, andererseits eine ernsthafte Auseinandersetzung mit der buddhistischen Theorie und Praxis.

Der Begriff *Erleuchtung* ist heute zu einem ganz normalen Bestandteil der deutschen Sprache geworden. Dazu möchte ich an dieser Stelle meine Begriffsdefinition geben: Für mich ist Erleuchtung eine Erfahrung, in der ich zum Beispiel in einer Frage, die mich vielleicht schon seit Jahren beschäftigt, Klarheit erlange. Natürlich gibt es auch andere Definitionen dieses häufig missverstandenen Begriffs. Wikipedia zum Beispiel definiert Erleuchtung folgendermaßen: „Erleuchtung (ahd.: arliuhtan – Lehnübersetzung zu lat.: illuminare „erhellen", „erleuchten") bezeichnet nach der am weitesten verbreiteten Auffassung eine religiös-spirituelle Erfahrung, bei der das Alltagsbewusstsein eines Menschen überschritten wird und eine besondere dauerhafte Einsicht in eine, wie auch immer geartete, gesamtheitliche Wirklichkeit erlangt wird."

Allein diese doch so unterschiedliche Definition dieses Begriffes zeigt, dass es sehr sinnvoll ist, sich frühzeitig damit auseinanderzusetzen, was mit welchen Worten eigentlich gemeint ist und welche Bedeutung ich einem Wort gebe. Für jede Kommunikation ist es zudem sehr wichtig, dass ich auch weiß, welche Bedeutung dasselbe Wort für meinen Gesprächspartner hat. Auf diese Weise können wir Missverständnisse und Unklarheiten von vornherein ausschließen oder zumindest auf ein erträgliches Mindestmaß reduzieren – was zum Beispiel auch in Diskussionen mit dem Ehepartner hilft.

Aber unabhängig davon, wie man Erleuchtung auch definieren mag, verändert die Erfahrung der Erleuchtung auf jeden Fall das ganze Leben – und zwar auf tief greifende Art und Weise, wie ich selbst erleben durfte.

Was ich nicht weiß, macht mich nicht heiß

Als wir den Film *Toni Hagen – 14.000 Kilometer unterwegs zur Menschlichkeit* produzierten, haben wir im Rahmen der Dreharbeiten auch den Dalai Lama in seinem Exil im nordindischen Dharamsala besucht. Ich fühlte mich wie ein kleines Kind zu Weihnachten: Gleich würde die Tür aufgehen und ich würde dem Weihnachtsmann – pardon, dem Dalai Lama – von Angesicht zu Angesicht gegenüberstehen.

Ich fühlte mich unglaublich erhaben, alles war super, überall standen Menschenschlangen, die sich vom Dalai Lama, dem „Ozean der Weisheit", eine Khata umhängen lassen wollten. Ein Wort von ihm, ein Lächeln von ihm und dann gingen die Menschen in höchster Verzückung wieder von dannen. Das Ganze hinterließ bei mir einen ziemlich merkwürdigen Eindruck.

Aber auch bei mir waren ja die Erwartungen so hochgesteckt, dass sie kaum erfüllt werden konnten. Ein Teil von mir glaubte, wenn ich nur den Dalai Lama sehen könnte, dann wäre alles gut, denn schließlich ist er doch der Höchste der Höchsten. Die Menschen brauchen eben eine Person, zu der sie aufschauen können. Sie wollen glauben, dass es einen Menschen gibt, der all das verwirklicht hat, was sie sich wünschen, und der all das überwunden hat, was ihnen selbst täglich Schwierigkeiten bereitet – dass es einen Menschen gibt, der ihnen den Weg zeigen kann und sie führt.

> Die Menschen wollen glauben, dass es einen Menschen gibt, der all das verwirklicht hat, was sie sich wünschen, und der all das überwunden hat, was ihnen selbst täglich Schwierigkeiten bereitet.

Der Dalai Lama ist ein sehr, sehr umgänglicher Mensch. In dem gut eineinhalbstündigen Interview, das wir mit ihm machen konnten, beeindruckte mich vor allem, wie offen und ehrlich er uns gegenüber war. Ich hatte den Eindruck, dass er nicht versuchte, etwas zu sein, was er nicht war. Wir stellten ihm zum Beispiel die Frage, ob es denn für Buddhisten erlaubt sei, Tiere zu töten. Und gleich anschließend, ob er selbst denn auch Fleisch essen würde. In seiner ganz speziellen Art, mit einem kindlichen Lachen, mit dem er sich etwas Zeit verschafft, mit einem kurzen Blick zu seinem Übersetzer sich Sicherheit gebend, ob er die Frage auch wirklich richtig verstanden hat und gleichzeitig über die Antwort nachdenkend, antwortete er dann, dass er nicht viel Fleisch essen würde, dass er es aber auch nicht zurückweisen würde, wenn es ihm serviert würde.

Ich sprach ihn darauf an, dass dies im Buddhismus ja eigentlich nicht erlaubt sei. Daraufhin seine salomonische Antwort: „Ich habe sie ja nicht getötet." Das bedeutet aber im Klartext, ich kann als Buddhist jederzeit in die nächste Metzgerei gehen und mir so viel Fleisch kaufen wie ich will, denn … da ich die Tiere ja nicht selbst getötet habe, kann ich sie guten Gewissens essen.

In der *Jivaka-Sutra* sagt der Buddha, dass ein Buddhist kein Fleisch essen darf, wenn er auch nur argwöhnt, dass das betreffende Tier *für ihn* getötet worden sein könnte. Aber wenn es nun schon einmal tot ist …

Auch für den Dalai Lama wird eine Mücke manchmal zum Elefanten

Wir kamen im Rahmen des Interviews noch einmal auf das Thema Töten zurück und der Dalai Lama erzählte uns, wie er beispielsweise mit Mücken umgeht. Lässt sich eine Mücke auf seinem Arm nieder, segnet er sie und bietet ihr sein Blut als Nahrung dar – was bestimmt gutes Karma erzeugt. Lassen sich zwei Mücken auf seinem Arm nieder, fängt er an, mit der Hand herumzufuchteln, um sie zu verscheuchen – was wohl neutrales Karma erzeugt. Lassen sich aber drei oder mehr Mücken auf seinem Arm nieder, schlägt er zu – was ganz sicher schlechtes Karma erzeugt. Und das obwohl diese Handlung im Widerspruch zur buddhistischen Lehre steht. Mich hat seine Ehrlichkeit beeindruckt, mit der er, der Oberste der Oberen im Buddhismus, zugibt, dass auch er Mensch ist: fehlbar und auch manchmal angenervt.

Was will ich mit dem eben Gesagten überhaupt sagen? Es ist nicht alles so, wie es zu sein scheint.

Ich habe selbst viel Zeit in meditativen Zuständen verbracht und mich intensiv mit dem Buddhismus auseinandergesetzt. Für mich war und ist die buddhistische Religion immer viel mehr eine sehr weltoffene Philosophie als eine dogmatische Religion gewesen. Aus diesem Grund kann ich auch sehr gut verstehen, warum der Dalai Lama als Persönlichkeit weltweit geschätzt und geachtet wird und auch für Nicht-Buddhisten sehr attraktiv ist.

Ich habe im Rahmen meiner eigenen spirituellen Praxis erfahren, dass die Gebote, die in den buddhistischen oder anderen religiösen Schriften stehen, in der Phase des Suchens, in der ich bestimmte Dinge kennenlernen und erfahren möchte, sehr hilfreich sind, da man mit ihrer Hilfe leichteren Zugang zu meditativen Zuständen findet. Habe ich aber ein gewisses Bewusstsein erlangt und bestimmte Dinge erfahren – wie zum Beispiel die „Erleuchtung" –, dann muss ich mich nicht mehr so streng an diese Gebote oder Regeln halten.

Warum soll ich der Welt entfliehen?

Wir haben mit dem Dalai Lama unter anderem auch über den Schweizer Toni Hagen gesprochen, der in den Fünfzigerjahren des letzten Jahrhunderts im Auftrag des nepalesischen Königs Mahendra Nepal erkundete und zu einem Berater Mahendras und seines 2001 ermordeten Nachfolgers Birendra wurde. Auch zum Dalai Lama unterhielt Toni Hagen eine freundschaftliche Beziehung, weil er die Hilfe für die tibetischen Flüchtlinge initiiert hatte und damit Tausenden Tibetern das Leben rettete. Ihm ist es auch zu verdanken, dass die Schweiz 1960 1000 Tibeter aufnahm und ihnen ein neues Leben ermöglichte.

Als meine Journalistenkollegen und ich am Abend nach dem Interview noch zusammensaßen, bestellte ich mir sehr zum Erstaunen der anderen ein Glas Wein. „Wieso bestellst du dir denn Wein?“ „Na, weil er mir schmeckt und ich Appetit darauf habe.“ „Aber du weißt doch, dass berauschende Getränke im Buddhismus streng verboten sind!“ Ich hatte dieses Gebot allerdings anders verstanden. Klar heißt es, dass man keinen Wein trinken soll, aber … ich habe auch etwas von Leerheit verstanden, leer von innewohnender Existenz.

Nach meinem Verständnis kann ich, wenn ich bestimme Dinge kapiert habe, wenn ich erleuchtet bin, wenn ich zurückkehre aus diesen Zuständen, sehr wohl bestimmte Dinge tun, die ich vorher nicht tun sollte – aber ich tue sie nun mit einem anderen Bewusstsein. Zum Beispiel trinke ich nicht mehr, um möglicherweise meine Trauer zu betäuben, sondern um mich am Geschmack des Weines zu erfreuen. Auch trinke ich nicht mehr, bis ich lallend unter dem Tisch liege, sondern in Maßen in geselliger Runde. Schließlich lehrte der Buddha den „mittleren Weg“ und die Vermeidung der Extreme.

Gebote, die ja sehr schnell zu Verboten werden, verlocken uns doch nur dazu, herauszufinden, warum bestimmte Dinge verboten sind. Was verboten ist, muss einfach gut sein, sonst wäre es ja nicht verboten, oder? Der sicherste Weg, das Interesse eines Menschen an etwas zu wecken, besteht darin, es ihm zu verbieten. Der sicherste Weg, dafür zu sorgen, dass der Mensch das Interesse wieder verliert, besteht darin, ihm das zu geben, was vorher verboten war. Meist merkt er dann nämlich sehr schnell, dass es eigentlich gar nicht so toll war. Jeden Tag Süßes wird mit der Zeit langweilig, ständig wechselnde Sexualpartner eben auch.

> Gebote, die sehr schnell zu Verboten werden, verlocken uns doch nur dazu, herauszufinden, warum bestimmte Dinge verboten sind. Was verboten ist, muss einfach gut sein, sonst wäre es ja nicht verboten, oder?

Warum soll ich der normalen Welt entfliehen? Warum soll ich der Partnerschaft entsagen, keinen Sex haben, keine Kinder zeugen, keine Familie haben, keinen Alkohol trinken, kein Fleisch essen? Was darf ich denn überhaupt noch? Bin ich denn in diese Welt hineingeboren worden, um ihr zu entsagen? Ist es nicht gerade meine Aufgabe, selbst herauszufinden, was ich kann und was ich darf, was mir guttut und was nicht? Ist es nicht meine Aufgabe, mich in dieser Welt und in den Umständen, in die ich geboren wurde, zurechtzufinden und nach den Dingen zu suchen, die mir wahrhaftige Erfüllung bringen?

Bei meinen mehrmaligen Besuchen beim Dalai Lama habe ich erfahren, dass auch er, der Oberste überhaupt, Dinge tut, die laut den Schriften eigentlich nicht erlaubt sind. Wir müssen meiner Meinung nach besser verstehen, dass all die

Dinge, die in den Büchern stehen, zwar Gebote sind, dass diese Gebote aber nicht fanatisch umgesetzt werden müssen, ohne uns auch nur den kleinsten individuellen Spielraum zu lassen. Schließlich hat jeder Mensch seinen eigenen Weg, den er gehen muss.

Kann man nur im Lotossitz erleuchtet werden?

Dass ich meinen eigenen Weg finden und gehen muss, habe ich auch sehr stark in meiner eigenen Meditationspraxis erfahren. Wenn man zuerst in ein Meditationszentrum oder an ein Meditationsseminar geht, dann wird man meistens vom Lehrer aufgefordert, sich auf den Boden zu setzen und die Beine zu verschränken. Dann kann man anfangen zu meditieren. Für mich war diese Haltung aber nie besonders bequem. Die meiste Zeit über habe ich nicht meditiert, sondern hauptsächlich darüber nachgedacht, warum mir die Beine so wehtun.

Die meiste Zeit über habe ich nicht meditiert, sondern hauptsächlich darüber nachgedacht, warum mir die Beine so wehtun.

Schon nach kurzer Zeit schlafen mir immer die Beine ein. Also bewege ich mich, lege mir ein Kissen unter das Gesäß, wodurch mein Becken etwas gekippt wird und das Sitzen mir etwas leichter fällt – aber nur etwa fünf Minuten lang. Dann tun mir die Beine wieder weh und wieder konzentriere ich mich nicht auf den Atem, sondern nur auf die Schmerzen in den Beinen. Ich komme mir vor wie ein Versager, zumal der Lehrer wieder darauf hinweist, dass die korrekte Haltung eines Meditierenden seit mindestens 2500 Jahren nun mal der Lotossitz ist. Kann man den nicht, muss es mindestens der Halblotos sein. Kann man den auch nicht, ja dann ist die Sache wohl hoffnungslos. Mit Hüftarthrose anscheinend keine Erleuchtung!

Die Menschen des östlichen Kulturkreises sind es von Kindesbeinen an gewöhnt, mit gekreuzten Beinen auf dem Boden zu sitzen oder zu hocken. Für sie ist diese Haltung vollkommen natürlich, für uns Menschen des westlichen Kulturkreises, die wir mit Stühlen, Sesseln und Sofas aufgewachsen sind, ist diese Haltung absolut unnatürlich und unbequem. Von daher ist es unsinnig, wenn wir zwar die äußere Form der Meditation nachahmen, aber aufgrund der Schmerzen, die wir dabei empfinden, nicht zum eigentlichen Wesen der Meditation vordringen können.

Ich dachte mir: „Das kann doch alles nicht wahr sein" und fläzte mich auf meine Couch. „Was für eine angenehme Position", dachte ich und beschloss in dieser zu meditieren. Und siehe da: Es klappte! Ich probierte es mehrere Male aus, schlief dabei ehrlich gesagt auch ein paarmal ein, aber ich fand schließlich heraus, wie ich in dieser äußerst angenehmen Position wach bleiben und meditieren konnte.

Wenn man also erst einmal herausgefunden hat, wie man bequem sitzen kann, ohne dabei einzuschlafen, dann kann die eigentliche Meditation beginnen. Am besten kann ich in der Badewanne im schön warmen Wasser meditieren, weil es mir eine gewisse Leichtigkeit gibt. Dabei schlafe ich nicht ein, kann aber recht lange im meditativen Zustand verweilen und komme vollkommen entspannt, voller Energie und erfrischt an Körper, Geist und Seele aus der Meditation und der Badewanne wieder heraus. Diese Form der Meditation praktiziere ich seit vielen Jahren. Zen in der Kunst des Schaumbades eben.

> Am besten kann ich in der Badewanne meditieren.

Was ich damit sagen will, ist Folgendes: Jeder sollte seinem Lehrer aufmerksam zuhören und von ihm lernen, aber irgendwann muss jeder auch entscheiden, wie er für sich selbst weiterkommen und sich unabhängig vom Lehrer und allen Geboten am besten weiterentwickeln kann, um ganz zu dem zu werden, der er ist.

All-eins-sein, nicht Alleinsein

In Dharamsala sind immer sehr viele Menschen unterwegs: alte Mönche, Erwachsene, Halbwüchsige und kleine Kinder, aber ich hatte nicht den Eindruck, dass sie besonders erleuchtet wären. Die Kinder und Halbwüchsigen rannten umher, haben sich geprügelt, herumgeschrien, Fangen gespielt, den anderen ein Bein gestellt, kurz gesagt: Sie haben sich benommen wie ganz normale Kinder überall auf der Welt. Von Erleuchtung anscheinend keine Spur.

Aber da kam mir der Gedanke: „Moment mal! Was ist denn eigentlich Erleuchtung?"

Weshalb sind all diese Menschen in Dharamsala? Zum Teil sind sie ja nicht ganz freiwillig dort, denn ihre Familien haben sie dorthin geschickt. Es ist eben Teil der tibetischen Tradition, dass mindestens ein Sohn Mönch werden muss. Und natürlich bekommen sie im Kloster Essen und Trinken und müssen nicht hungern, was zu Hause wahrscheinlich anders aussehen würde. So werden viele Kinder von ihren Eltern ins

Kloster und nach Dharamsala geschickt, weil sie wissen, dass ihre Kinder als Mönche ein besseres Leben haben werden als sie. Und vor allem sind sie dort sicher vor den chinesischen Soldaten.

Also stellte sich mir zum wiederholten Mal die Frage: „Was ist überhaupt Erleuchtung? Warum meditieren sie? Um was geht es hier überhaupt?“

Nach meiner Erfahrung hat fast jeder Mensch eine andere Vorstellung davon, was Erleuchtung eigentlich ist. Einige halten es für Erleuchtung, wenn man einen halben Meter über dem Boden schwebt, einen Heiligenschein hat und nur noch tolle Dinge erlebt, für andere ist Erleuchtung der Zustand des All-eins-seins (nicht zu verwechseln mit Alleinsein). Das heißt: Ich bin mit allem verbunden. Oder genauer: Ich bin mir bewusst, dass ich mit allem verbunden bin, denn dass jeder von uns mit allem verbunden ist, ist ja eine bekannte Tatsache. Nur diese Verbundenheit zu spüren, ist dann wieder etwas völlig anderes.

Andere erklären Erleuchtung viel pragmatischer: Ich habe eine Frage, die mich seit Jahren beschäftigt, und plötzlich wird mir diese Frage in einem bestimmten Geisteszustand beantwortet. Nach dieser Definition ist Erleuchtung also, wenn mir ein Licht aufgeht, wenn ich eine allgemeingültige, allumfassende Antwort auf meine Frage gefunden habe.

Diese unterschiedlichen Definitionen bringen mich nun zu der Frage, was ich eigentlich erreichen will und aus welchem Grund ich mich überhaupt mit spirituellen Themen beschäftige. Warum meditiere ich? Wohin will ich eigentlich? Was ist mein Ziel?

> „Vor der Erleuchtung ist ein Berg nur ein Berg.
> Während der Erleuchtung ist ein Berg so viel mehr als ein Berg.
> Nach der Erleuchtung ist ein Berg wieder ein Berg.“

Es gibt noch eine weitere schöne Parabel zum Thema Erleuchtung, die lautet: „Vor der Erleuchtung ist ein Berg nur ein Berg. Während der Erleuchtung ist ein Berg so viel mehr als ein Berg. Nach der Erleuchtung ist ein Berg wieder ein Berg.“ Soll heißen: Vor der Erleuchtung sehen wir die Dinge nur so, wie sie zu sein scheinen, also nur die äußere Hülle. Während des Prozesses der Erleuchtung, also auf der Suche, fangen wir an, hinter den äußeren Schein zu schauen und erhaschen ab und zu einen flüchtigen Blick auf das eigentliche Wesen. Nach der Erleuchtung sehen wir das wahre Wesen.

Seit geraumer Zeit ist mir sehr bewusst geworden, was mit dem alten Zen-Spruch gemeint ist: „Vor der Erleuchtung Holz hacken und Wasser tragen. Nach der Erleuchtung Holz hacken und Wasser tragen.“ Er bedeutet, dass zu viele Menschen glauben, dass sie nach der Erleuchtung über dem Boden schweben und einen Heiligenschein um den Kopf haben werden, dass alles gut ist und sie nichts mehr erschüttern kann. Aber genau dies ist ein Trugschluss, denn ich hacke auch nach der Erleuchtung Holz und trage Wasser. Ich tue es nur „bewusster“.

Nach der Erleuchtung – Authentizität

In vielen Meditationen habe ich Zustände erlebt, die sich nur als Erfahrung der Einheit beschreiben lassen – wunderbare Zustände der Glückseligkeit ohne Kreuzschmerzen, ohne eingeschlafene Beine, ohne körperliche oder geistige Begrenzungen. In diesen Zuständen war es mir aber unmöglich, mich selbst zu definieren. Auch das ist sicher eine Form der Erleuchtung.

Heute würde ich sagen, diese Zustände sind eine Form der Authentizität, die ich für mich gefunden habe, und seither ist das, was ich zu leben versuche, authentisch – denn auch ich bin nur ein Mensch. Was ich tue, ist authentisch. Authentisch bin ich immer dann, wenn ich das Leben lebe, das ich leben möchte. Und wenn ich dann noch Authentizität mit Friedfertigkeit verbinde, dann lebe ich in einem äußerst befriedigenden, erfüllten Zustand. Wenn aber Ärger aufkommt, dann muss auch ich mich ärgern, nur bin ich mir dessen bewusst.

> Authentisch bin ich immer dann, wenn ich das Leben lebe, das ich leben möchte.

Alles, was ich hier schreibe, schreibe ich aufgrund der Erfahrungen meines eigenen Lebens. Sie müssen mir kein Wort glauben, denn alles, was ich schreibe, spiegelt nur mich und meine Erfahrungen wider. Es ist mein Leben, das ich hier versuche zu beschreiben. Ich hoffe aber, dass ich Sie durch meine Erfahrungen inspirieren kann, über Ihr eigenes Leben nachzudenken.

Überprüfen Sie, was ich hier schreibe, und machen Sie Ihre eigenen Erfahrungen. Ich würde mich sehr darüber freuen, wenn Sie mir davon berichten, damit auch ich meinen geistigen Horizont noch mehr erweitern kann.

Für mich ist der Dalai Lama in dieser Beziehung ein inspirierendes Vorbild – aber ganz sicher kein Guru. Ich halte es für einen Irrweg, einen Menschen in den Rang eines Gurus zu erheben, und so sein zu wollen wie er. Der Dalai Lama lacht, er weint, er ärgert sich, aber er versucht seinen Weg zu gehen und dies trotz aller Widrigkeiten, trotz der gefolterten Tibeter, die jeden Tag bei ihm zur Audienz kommen und ihm von ihren schrecklichen Erlebnissen berichten. Er sagt ja über sich selbst: „Ich bin nur ein einfacher buddhistischer Mönch." Und: „Meine Religion ist die Güte."

Ich beschreibe hier, was mich unglücklich gemacht hat und was mich glücklich gemacht hat. Ich beschreibe, welche Umwege und Wege ich gegangen bin. Auch wenn viele Menschen ähnlich denken, so müssen sie doch immer auch ihre eigenen Erfahrungen machen und dürfen ihr Leben nicht aus zweiter Hand durch die Erfahrungen anderer Menschen leben. Vielen Menschen wird es nicht helfen, wenn sie denselben Weg beschreiten wie ich, aber manchen mag es dennoch Inspiration sein, etwas über meine Erfahrungen auf dem Weg zu lesen.

Gehen muss aber jeder den Weg für sich allein. Und im Gehen entwickeln sich die Dinge und der Weg wird klarer. Wie sang doch Johnny Nash einst: „I can see clearly now, the rain is gone, I can see all obstacles in my way, gone are the dark clouds that had me blind, it's gonna be a bright, bright sunshiny day." („Jetzt sehe ich klar, der Regen hat aufgehört. Ich kann alle Hindernisse auf meinem Weg erkennen, die dunklen Wolken sind weg, die mich blind herumirren ließen. Es wird ein strahlendheller sonniger Tag werden.")

Sobald man anfängt, Entscheidungen zu treffen, wird man automatisch glücklicher. Denn aus einer falschen Entscheidung kann man etwas lernen, aber wenn ich mich gar nicht entscheide und mich nur als Opfer der Umstände, des Systems, des Schicksal, des Karmas, meiner familiären oder finanziellen Situation und so weiter sehe, dann entsteht keine neue Energie, die mich auf meinem Weg voranbringt. So paradox es für manche Leser auch klingen mag: Die falscheste Entscheidung, die ein Mensch überhaupt treffen kann, ist die, keine Entscheidung zu treffen.

> Die falscheste Entscheidung, die ein Mensch
> überhaupt treffen kann,
> ist die, keine Entscheidung zu treffen.

Ich muss vom Sofa aufstehen, ich muss mich auf den Weg machen, ich muss mich an den Kreuzungen dieses Weges entscheiden, in welche Richtung ich weitergehen will, ich darf Fehler machen, ich darf Umwege gehen, ich darf auch mal wieder ein Stück zurückgehen, aber gehen muss ich! Denn jeder Schritt, den ich gehe, bringt mich mir selbst ein Stückchen näher. Sobald ich den ersten Schritt tue, entsteht eine gewisse Dynamik, die mich weiterbringt.

Was an der nächsten Ecke auf mich wartet, weiß ich nicht. Welchen Weg ich einschlagen soll, wenn ich an eine Kreuzung komme, weiß ich nicht. Nur sehr wenige von uns sind Hellseher, die meisten lernen durch Versuch und Irrtum. Lernen können wir aber nur, wenn wir uns auf den Weg machen und Entscheidungen treffen. Und je eher wir das tun, umso besser.

Alle sagen, ich sei erleuchtet

Zurück zum Dalai Lama. Ich hatte mich auf die Begegnung mit ihm gut vorbereitet und in verschiedenen Interviews gelesen, dass er auf die Frage, ob er erleuchtet sei, häufig geantwortet hatte: „Alle sagen es."

Das war sehr verwirrend für mich, da er nicht wie die unzähligen Neu-Erleuchteten, die es heute an jeder Ecke gibt, gesagt hatte: „Ja, ich bin erleuchtet", sondern: „Alle sagen es." Aus dieser Aussage habe ich geschlossen, dass dem Dalai Lama das Wort „Erleuchtung" eigentlich nicht so recht behagt – vielleicht weil er den Zustand, in dem er sich befindet, lieber nicht definieren möchte.

Ich weiß, dass der Dalai Lama etwa drei bis vier Stunden pro Nacht schläft, nämlich von Mitternacht bis circa drei Uhr, dass er dann bis halb sieben Uhr meditiert, danach eigene Studien betreibt und tagsüber einen Termin nach dem anderen hat. Ich sehe auch, dass er mit seinen 75 Jahren sehr fit und gesund aussieht. Das zeigt mir, dass ihn das Leben, das er führt und das voller Stress und Termine ist, wohl erfüllen muss. Daraus folgere ich, dass seine Art des Denkens und seine Art des Handelns wohl nicht die schlechteste sein kann und anscheinend sehr positive Auswirkungen hat.

Als ich dann erfuhr, dass der Dalai Lama erkrankt war und ins Krankenhaus musste, war mein erster Gedanke: „Halt! Wie kann das sein? Der Mann ist doch erleuchtet, er meditiert regelmäßig und achtet auf seine Ernährung. Wie kann er da krank sein?" Ich überraschte mich selbst, als ich merkte, dass ich allen Ernstes geglaubt hatte, ein Erleuchteter dürfe niemals krank werden. Diesen Gedankengängen folgte dann aber eine große Erleichterung: „Auch Erleuchtete dürfen einmal krank werden. Es ist kein persönliches Versagen, wenn man mal krank ist. So etwas kommt selbst in den besten Familien vor." Ufff! Ich spürte geradezu, wie mir ein Stein vom Herzen fiel, als ich wieder eine meiner alten Vorstellungen über Bord werfen konnte.

Ein Grund, warum der Dalai Lama manchmal krank wird, könnte wohl darin bestehen, dass er in politischen Zusammenhängen gefangen ist, die ihm überhaupt nicht zusagen. Aber aufgrund seines Verantwortungsgefühls für das spirituelle und physische Wohlergehen der Tibeter, kann er sich dem nicht entziehen. Er kann nicht – wie es in der spirituellen Szene so oft heißt – einfach loslassen und das tun, was ihm mehr Freude macht. Es gibt für jeden von uns Dinge, die wir nicht loslassen können, weil wir uns mit ihnen auseinandersetzen müssen und weil wir durch diese Auseinandersetzung wachsen können – dazu gehören zum Beispiel Familie, Mutter, Vater, Kinder. Wir sind nun einmal mit ihnen verbunden, ob es uns passt oder nicht. Wir können uns äußerlich von ihnen trennen, aber innerlich bleiben wir ihnen doch immer verbunden.

Es gibt für jeden von uns Dinge, die wir nicht loslassen können, weil wir uns mit ihnen auseinandersetzen müssen und weil wir durch diese Auseinandersetzung wachsen können.

Als wir eines Abends von der tibetischen Exilregierung eingeladen wurden, musste ich zu meinem Erstaunen – und zu meiner Ernüchterung! – feststellen, dass von den acht Leuten, die uns empfangen hatten, sechs während des Essens einiges an alkoholischen Getränken in sich hineinschütteten, was in einer seeeehr „heiteren" Stimmung resultierte. Hätte es sich um eine private Feier gehandelt, wäre es noch etwas anderes gewesen, aber hier ging es ja um eine Art offiziellen

Empfang. Ich hatte den starken Eindruck, dass diese Mitglieder der Exilregierung mit dem Buddhismus gar nichts am Hut hatten, sondern reine Berufspolitiker waren. Eine sehr ernüchternde Erfahrung!

Das Karma der Tibeter

Wenn man sich die Geschichte des tibetischen Buddhismus näher anschaut, stellt man erstaunt fest, dass es mit der Gewaltlosigkeit – für die sich der Dalai Lama heute so sehr einsetzt, was ihm höchste internationale Anerkennungen wie den Friedensnobelpreis eingebracht hat – oft wohl nicht so weit her gewesen sein kann. Karmapas haben Dalai Lamas, die zur Gelugpa-Schule der Gelbmützen gehören, umbringen lassen, Dalai Lamas haben Karmapas, die zur Kagyü-Schule der Schwarzmützen gehören, umbringen lassen. Abgesehen von den manchmal in nackte Gewalt ausartenden Konkurrenzkämpfen und dem Machtstreben zwischen den einzelnen Schulen des tibetischen Buddhismus, herrschten im alten Tibet auch sonst alles andere als paradiesische Zustände: Es gab Leibeigenschaft, Frondienste, Unterdrückung, Hungersnöte, der Grund und Boden befand sich in der Hand von wenigen Adeligen und Klöstern, die medizinische Versorgung war quasi nichtexistent.

Da zeichnet es den jetzigen, den 14. Dalai Lama besonders aus, dass er nicht nur vehement für politische Reformen eintritt, sondern auch konsequent auf der Gewaltlosigkeit beharrt – was besonders bei vielen jungen Tibetern gar nicht gut ankommt. Er geht nämlich so weit, dass er trotz der unbeschreiblichen Gräueltaten, die die Chinesen in Tibet verüben, immer wieder zum Gewaltverzicht aufruft und immer wieder darauf hinweist, dass eine Lösung der Tibet-Frage nur im Dialog mit den Chinesen und auf der Grundlage gegenseitigen Respekts und Verständnisses möglich sein wird.

Aber unter den Exiltibetern gärt es. Wir haben das in Dharamsala sehr gut bemerkt, denn an jeder Straßenecke hingen Plakate, auf denen zum bewaffneten Widerstand aufgerufen wurde. Und der Aufstand, der 2008 in Lhasa ausbrach, machte wieder einmal deutlich, wie verzweifelt die Lage der Tibeter in Tibet selbst ist. Obwohl der Dalai Lama mittlerweile klar gesagt hat, dass die chinesische Führung den Buddhismus in Tibet auslöschen will, bleibt er aber weiterhin dialogbereit und besteht noch immer auf völliger Gewaltlosigkeit.

Der Dalai Lama versucht den Buddhismus, wie er in den alten Schriften formuliert wurde, konsequent auch unter den widrigsten Umständen umzusetzen, weil er anscheinend fest daran glaubt, dass die Tibeter eines Tages – vermutlich in ferner Zukunft – wieder in ihr Land zurückkehren können.

Da stellt sich mir allerdings die Frage, wer denn eigentlich zurückgehen möchte. Ich kenne sehr viele Tibeter in der Schweiz, mit denen ich durch die Arbeit am Toni-Hagen-Film in Kontakt gekommen bin, die bereits in der Schweiz geboren worden sind und unter anderem bei Banken, Versicherungen oder großen Konzernen arbeiten. Als ich sie fragte, ob sie denn nach Tibet zurückgehen würden, haben alle mit „Nein" geantwortet. Sie haben sich mittlerweile so an das Leben hier gewöhnt und sich so sehr in die westliche Gesellschaft integriert, dass sie sich nicht vorstellen können, in Tibet zu leben.

Die Mönche und einige aus der älteren Generation, die 1960 als Flüchtlinge in die Schweiz kamen, wo sie herzlich aufgenommen wurden, würden vermutlich nach Tibet zurückkehren, aber die normalen Leute wohl eher nicht. Ich frage mich manchmal, ob der Wunsch nach Rückkehr nicht vollkommen illusorisch ist und ob der Dalai Lama nicht an etwas festhält, was völlig unrealistisch ist.

Um noch einmal auf das Thema Karma zurückzukommen: Was für Ursachen müssen die Tibeter gelegt haben, dass ihnen diese (nach dem Gesetz des Karma) Auswirkungen widerfahren sind, sie aus ihrem Heimatland vertrieben wurden, heute noch gepeinigt und gefoltert werden und im eigenen Land nur noch eine Minderheit darstellen? Was haben die Tibeter in früheren Leben getan, dass sie ihr Karma nun auf diese Weise ausgleichen müssen und alle Welt zwar großes Mitgefühl empfindet, aber nur ohnmächtig zuschaut?

Bekannt ist, dass die Tibeter früher sehr kriegerisch waren, dass die Chinesen ihnen tributpflichtig waren und dass im Jahre 758 tibetische Truppen sogar vor der damaligen chinesischen Hauptstadt Chang'an (das heutige Xi'an) standen. Die sehr geschichtsbewussten Chinesen haben diese Demütigung sicher nie vergessen. Durch den Buddhismus, der übrigens maßgeblich durch eine chinesische Prinzessin, die als Zeichen des guten Willens des chinesischen Kaisers dem tibetischen König zur Zweitfrau gegeben wurde, in Tibet verbreitet wurde, wandelte sich ein einst kriegerisches Volk zu einem friedliebenden.

Was ziemlich sicher gesagt werden kann, ist, dass sich der Buddhismus durch die Vertreibung der Tibeter überall auf der Welt ausgebreitet hat und dass so der Schaden eines kleinen Volkes zum Segen für die ganze Welt geworden ist. Das will ich natürlich nicht gegeneinander aufwiegen, aber auch dieses Beispiel zeigt wieder einmal, dass alles seine zwei Seiten hat, dass eben in jedem Negativen auch etwas Positives steckt.

Der Dalai Lama verkörpert auf authentische Weise die Essenz der buddhistischen Lehre und ist dadurch zu einer moralischen Autorität geworden, die überall auf der Welt – mit Ausnahme Chinas natürlich – das höchste Ansehen genießt.

Was ich am Dalai Lama persönlich sehr schätze, ist, dass er versucht, alles, was in den Urschriften des Buddhismus steht, voll und ganz umzusetzen. Er lebt ein friedvolles Leben und

Respekt gegenüber allen Lebewesen täglich vor und versucht seinem Volk – und der Welt – diese Haltung zu vermitteln.

In anderen Religionen ist man heute leider noch nicht so weit, sondern beharrt noch auf „interpretierten" und „verfälschten" Überlieferungen. Aber wie immer stirbt auch hier die Hoffnung zuletzt, dass auch sie sich noch besinnen und auf den Kern ihrer Religionen zurückkommen werden. Und dieser besagt immer und überall: Tue keinem Menschen das an, was dir nicht selbst angetan werden soll. So steht es in fast allen Schriften – zumindest ist das meine Interpretation.

Und wer macht den Abwasch?
oder
Die Sache mit der Erleuchtung

Ich befand mich in diesem Zwischenraum, in der Stille zwischen den Gedanken. Ich spürte eine unendliche Weite, in der ich mich befand. Nein, besser noch, ich war *diese Weite. Ich selbst war der Raum zwischen den Gedanken.*

Ich war alles, konnte mich aber nicht wirklich als ETWAS definieren. Es war wie eine Wolke oder ein waberndes Etwas, das sich in einem anderen wabernden Etwas befand, das sich wiederum in einem noch größeren Etwas befand.

Das Wort *Erleuchtung* ist wohl einer jener Begriffe, die am häufigsten missverstanden und damit auch missbraucht werden. Weil der Zustand oder die Erfahrung der Erleuchtung etwas ist, das sich nicht beschreiben und nicht in Worte fassen lässt, haben wir die abenteuerlichsten Vorstellungen davon, was mit dem Wort wohl gemeint sein könnte.

Am ehesten verbinden wir damit das Bild eines ganz in Weiß gekleideten Asiaten mit langen Haaren und ebenso langem Bart – wahlweise auch im orangefarbenen Mönchsgewand, glatt rasiert und mit kahl geschorenem Kopf –, der ständig selig lächelt und weise Worte von sich gibt, von denen der Normalbürger keine Ahnung hat, was sie bedeuten könnten. Aber irgendwie hören sie sich gut an.

Erinnern Sie sich noch an den blinden Meister Po aus der Fernsehserie *Kung Fu* mit David Carradine, die in den Siebzigerjahren des letzten Jahrhunderts ausgestrahlt wurde? Der kleine rundliche Meister Po, der den von David Carradine gespielten Kwai Chang Caine liebevoll „Grashüpfer“ nannte, gab auf die vielen Fragen seines Schülers stets Antworten, die überhaupt keinen Sinn ergaben, im Zuschauer aber eine Sehnsucht nach der Weisheit eines Übervaters wachriefen.

Legendär ist zum Beispiel folgende Unterhaltung, in der auf den Unterschied zwischen einem Erleuchteten und einem Nicht-Erleuchteten hingewiesen wird.

Meister Po sagt: „Schließe die Augen. Was hörst du?"

Grashüpfer antwortet: „Ich höre das Wasser, ich höre die Vögel."

Meister Po: „Hörst du dein Herz?"

Grashüpfer: „Nein."

Meister Po: „Hörst du den Grashüpfer im Gras?"

Grashüpfer: „Alter Mann, wieso kannst du diese Dinge hören?"

Meister Po: „Junger Mann, wieso kannst du sie nicht hören?"

Nach der Erleuchtung – der Abwasch

Ich möchte dieses Kapitel mit einer kleinen Geschichte fortsetzen, die etwas Licht ins Dunkel des Themas Erleuchtung bringen soll.

Ein junger Mann – wahlweise eine junge Frau – kommt in ein Kloster, weil er gehört hat, dass der dort lebende Meister erleuchtet sei. Er tritt vor den Meister, verneigt sich tief und fragt: „Meister, wie erlange ich Erleuchtung?" Der Meister antwortet – natürlich selig lächelnd – mit sanfter Stimme: „Geh in dein Zimmer, konzentriere dich auf deinen Atem und meditiere die ganze Nacht."

Der junge Mann meditiert also die ganze Nacht. Die Beine tun ihm weh, der Rücken schmerzt, er verflucht abwechselnd erst sich und dann den Meister, er tut so ziemlich alles, nur auf den Atem kann er sich partout nicht konzentrieren.

Am nächsten Morgen tritt er völlig übermüdet vor den Meister. „Meister, ich glaube nicht, dass ich erleuchtet worden bin. Was soll ich nur tun?"

„Geh in dein Zimmer, konzentriere dich auf deinen Atem und meditiere den ganzen Tag", spricht selig lächelnd der Meister.

Der junge Mann geht zurück, setzt sich wieder hin und versucht sich zu konzentrieren. So geht es Tag um Tag, Nacht für Nacht.

Plötzlich ertönt in der zehnten Nacht ein Schrei aus dem Zimmer des jungen Mannes. „JAAAAAA!"

Er stürzt in das Zimmer des Meisters und berichtet atemlos: „Meister, Meister! Ich habe Erleuchtung erlangt! Was soll ich jetzt tun?"

Der Meister schaut ihn ungerührt an und meint immer noch selig lächelnd: „Geh in die Küche und mach den Abwasch, der seit zehn Tagen liegen geblieben ist."

Ernüchternd, oder? Schließlich haben wir doch die wahnwitzige Vorstellung, dass wir durch die Erleuchtung aus den schnöden Niederungen des Alltags hinauf in die himmlischen Gefilde ewiger Glückseligkeit katapultiert werden. Und dann Abwaschen?

Im Zen-Buddhismus gibt es von alters her den Spruch: „Vor der Erleuchtung Holz hacken und Wasser tragen. Nach der Erleuchtung Holz hacken und Wasser tragen." Auf unsere Zeit übertragen könnte man sagen: „Vor der Erleuchtung Spülmaschine einschalten und E-Mails abrufen. Nach der Erleuchtung Spülmaschine einschalten und E-Mails abrufen."

> Vor der Erleuchtung Holz hacken und Wasser tragen.
> Nach der Erleuchtung Holz hacken und Wasser tragen.

Was will uns die Geschichte des jungen Mannes sagen? Was ist die Moral von der Geschichte? Alle denken, Erleuchtung sei etwas ganz Großartiges, etwas, das so gar keine Ähnlichkeit mit dem normalen Leben hat. Wenn man sie erlangt hat, schwebt man ununterbrochen einen halben Meter über dem Boden, sonnt sich ständig in seinem Heiligenschein, das ganze Leben wird leicht und alle Probleme sind verschwunden. Mal ganz im Vertrauen, dachten Sie das vielleicht auch? Ich gestehe, dass es damals, als ich anfing, mich mit dem Thema Erleuchtung zu beschäftigen, für mich ein Grund war, überhaupt damit anzufangen.

Wenn wir keine direkte Erfahrung mit etwas haben, neigen wir dazu, es ausschließlich mit dem Verstand zu beurteilen, und dabei wird es unabsichtlich, aber unvermeidbar völlig verzerrt, weil man ohne direkte Erfahrung nie das Wesen einer Sache begreifen kann. In China gibt es ein Sprichwort, das lautet: „Willst du den Geschmack eines Apfels kennenlernen, musst du hineinbeißen." Das Nachdenken über den Geschmack des Apfels, die Analyse der Inhaltsstoffe und das Wissen um Nährwert und Kalorienzahl hilft einem nicht weiter.

Die Erkundung des Raumes zwischen den Gedanken

Ich will hier nicht noch einmal meine Definition von Erleuchtung wiederholen. Ich möchte aber noch einmal einige meiner eigenen Erfahrungen zu diesem Thema wiedergeben, die zwangsläufig subjektiver Natur sein müssen.

Mir ging es da nämlich ganz ähnlich wie Daniel Düsentrieb, dem genialen Erfinder aus Entenhausen, dem in seinen erleuchteten Momenten immer ein Licht aufging. Er setzte diese Geistesblitze gemäß seines Wahlspruchs „Dem Ingeniör ist nichts zu schwör" in mehr oder weniger nützliche Erfindungen um, wie das tragbare Loch oder das Telefon mit eingebautem Bügeleisen. Ich bin da weitaus weniger praktisch veranlagt, aber vielleicht dafür etwas realistischer. Für mich sind diese Augenblicke, in denen mir ein Licht aufging, einfach Momente großer geistiger Klarheit. Andererseits geht mir auch manchmal ein Licht auf, wenn ich zwei oder drei Whisky-Cola getrunken habe, aber das steht wieder auf einem ganz anderen Blatt.

Letztendlich geht es in diesen Momenten der Erleuchtung darum, dass mir ein Licht aufgegangen ist, dass ich eine plötzliche Erkenntnis hatte, dass ich unvermittelt etwas wusste, das so unbeschreiblich war, dass ich es nur als sensationell bezeichnen kann. Das Wort „wusste" trifft es vielleicht auch nicht ganz, weil es eher ein „fühlen" war. Und dank dieser neuen Erkenntnis (oder eher Erfühlnis) konnte ich dann mein Leben neu gestalten, weil ich bestimmte Dinge nun aus einem völlig neuen Blickwinkel sehen konnte.

In verschiedenen Meditationen, die ich über viele Jahre hinweg ausgeübt habe, befand ich mich plötzlich in einem Zustand, der im Grunde vollkommen unbeschreiblich war. Aber ich wäre nicht Udo Grube, wenn ich nicht trotzdem versuchen würde, dieses Unbeschreibliche zu beschreiben. Ich glaube allerdings nicht, dass der Drang sich mitzuteilen, auf mich allein beschränkt ist, sondern dass es einen grundlegenden menschlichen Drang gibt, anderen die eigenen Erfahrungen mitzuteilen und die eigenen Erfahrungen mit anderen zu teilen. Nicht ohne Grund erscheinen in Deutschland jedes Jahr Zehntausende neuer Bücher.

Ich habe mich also hingesetzt, um zu meditieren, um meine eigene Mitte wiederzufinden. Dabei habe ich versucht, mich nur auf eine einzige Sache zu konzentrieren – zum Beispiel auf die Beobachtung des Atems, wie er ein- und ausströmt. Die Konzentration auf eine Sache, in diesem Fall auf den Atem, erlaubt es dem Verstand zur Ruhe zu kommen.

Der Verstand arbeitet unablässig. Suchen, einordnen, kategorisieren, vergleichen, beurteilen, verurteilen, erinnern, klassifizieren: Das ist seine Aufgabe und daran ist auch nichts falsch. Problematisch wird es erst, wenn der Schwanz (der Verstand) mit dem Hund (dem eigentlichen Wesen) wedelt und wir uns mit ihm identifizieren und uns für das halten, was wir denken.

> *Cogito ergo sum.* „Ich denke, also bin ich“, sagte Descartes. Aber existieren wir nur, weil wir denken? Und sind wir wirklich, was wir denken?

Cogito ergo sum. „Ich denke, also bin ich“, sagte der französische Philosoph René Descartes. Aber existieren wir nur, weil wir denken? Und sind wir wirklich, was wir denken? Wäre unser Leben dann nicht nur eine Fiktion unseres Verstandes? Gibt es ein Leben außerhalb des Verstandes?

Der Buddha soll gemäß der Überlieferung gesagt haben: „Wir sind das, was wir denken. Alles, was wir sind, entsteht durch unsere Gedanken. Mit unseren Gedanken erschaffen wir die Welt. Wie kann ein verwirrter Verstand den Weg verstehen? Dein schlimmster Feind kann dir nicht so viel anhaben wie deine eigenen unkontrollierten Gedanken. Aber hast du sie einmal unter Kontrolle, so kann dir niemand behilflicher sein.“

Wenn wir dem Verstand gestatten, sich auf den Atem zu konzentrieren, hat er etwas zu tun und kommt zur Ruhe. Dann ist es nicht mehr so wichtig, ob im Hintergrund die

Kinder schreien, ob der Abwasch gemacht ist, ob wir am nächsten Tag ein Vorstellungsgespräch haben und so weiter. Wir können uns trotzdem auf das konzentrieren, was wir uns vorgenommen haben.

Jeden Tag schwirren Tausende Gedanken in meinem Kopf herum. Ihnen geht es vermutlich nicht anders. Nehmen Sie sich nur einmal die Zeit, sich still hinzusetzen und versuchen Sie, eine Minute lang nicht zu denken. Sie werden Ihr blaues Wunder erleben. Möchten Sie es gleich ausprobieren? Also los!

Ein Experiment: Nicht denken
Setzen Sie sich bequem hin
und denken Sie eine Minute lang nicht.

Wie war es? Ist es Ihnen gelungen? Wenn ja, dann herzlichen Glückwunsch. Wenn nicht, machen Sie sich nichts daraus. So wie Ihnen geht es den meisten Menschen. Mit Übung lässt sich der Gedankenfluss aber verlangsamen und später sogar zum Stillstand bringen.

Wenn es Ihnen nicht auf Anhieb gelungen ist, schlage ich vor, dass Sie sich jeden Tag zweimal eine Minute Zeit nehmen und dies üben. Versuchen Sie, sich in dieser Zeit nur auf den Atem zu konzentrieren. Setzen Sie sich das Ziel, nur einen kurzen Augenblick an nichts zu denken, und dehnen Sie diesen Augenblick ganz allmählich aus. Versuchen Sie am Anfang nicht, sich gleich fünf oder zehn Minuten lang auf den Atem zu konzentrieren, da dies eine sehr lange Zeit ist. (Und dies ist kein Witz!) Gehen Sie schrittweise in Ihrem eigenen Tempo vor. Sie werden merken, es klappt.

Einige Leute haben sich den Kopf darüber zerbrochen, wie

viele Gedanken wir pro Tag denken. Ist es nun ein Gedanke pro Sekunde, sind es zehn pro Minute, 120 pro Stunde? Ich weiß es nicht und ich glaube auch nicht, dass es tatsächlich jemandem gelungen ist, einen ganzen Tag lang seine Gedanken zu zählen. Das Ganze erinnert mich ein wenig an die Diskussion unter den christlichen Kirchengelehrten des frühen Mittelalters, die heftig darüber gestritten haben, wie viele Engel auf einer Nadelspitze tanzen könnten. Letztlich ist es vollkommen gleichgültig. Entscheidend ist, dass uns jeden Tag unzählige Gedanken durch den Kopf gehen, von denen wir die wenigsten wirklich denken wollen.

Der Sinn der Meditation besteht nun darin, in den Raum hinter den Gedanken zu kommen und dort in der Stille das eigene Wesen zu entdecken – das eigene Sein, das eigene *BewusstSein*.

All diese Gedanken lenken uns von dem ab, was wir eigentlich sind – von unserem wahren Wesen. Der Sinn der Meditation besteht nun darin, in den Raum hinter den Gedanken zu kommen und dort in der Stille das eigene Wesen zu entdecken – das eigene Sein, das eigene *BewusstSein*. In der Meditation versuchen wir die Räume zwischen den Gedanken zu erwischen. Und das gelingt mir paradoxerweise – die Welt des *Bleep* ist übrigens voller Paradoxe – am leichtesten, wenn ich mit den Gedanken spreche. Nun denken Sie vielleicht, der Grube ist jetzt völlig durchgeknallt, denn wie um alles in der Welt soll man wohl mit seinen eigenen Gedanken sprechen können? Kann man aber tatsächlich, denn es sind ja gar nicht unsere eigenen Gedanken, es sind lediglich Energieströme, die durch unser Bewusstsein schießen.

Ich habe diese Gedanken also direkt angesprochen und ihnen höflich, aber bestimmt gesagt, dass ich sie jetzt im Moment nicht denken möchte, weil ich etwas anderes vorhabe. Und – schwupp – befand ich mich in diesem Zwischenraum, in der Stille zwischen den Gedanken. Ich spürte eine unendliche Weite, in der ich mich befand. Nein, besser noch, ich war diese Weite. Ich selbst war der Raum zwischen den Gedanken.

Ich war alles, konnte mich aber nicht wirklich als ETWAS definieren. Es war wie eine Wolke oder ein waberndes Etwas, das sich in einem anderen wabernden Etwas befand, das sich wiederum in einem noch größeren Etwas befand.

Aber in dem Augenblick, in dem ich dieses sensationelle Gefühl festhalten wollte, war es weg. Puff! Es hatte sich einfach wieder aufgelöst. Und sofort kamen wieder die Gedanken: „Warum kann dieser Zustand nicht andauern? Ich hatte ihn doch fest im Griff. Es war so unglaublich toll! Das muss ich sofort wieder erleben." Und da hatte ich die zweite Erleuchtung: Ich hatte verstanden, was Anhaftung bedeutet, die es laut den buddhistischen Meistern aufzulösen gilt, denn haftet man an etwas an, wird sich einem dieses entziehen. Die Ursache des Leidens besteht laut dem Buddha ja gerade darin, dass wir Vergängliches und Veränderbares festhalten wollen.

Das Dilemma des Meditierenden oder
Wie viele Stimmen sind in meinem Kopf?

Stille.
Stimme 1: „Jetzt ist es aber schön still."
Stimme 2: „Du sollst nicht denken, du sollst meditieren."
Stimme 3: „Seid still!"
Stimme 4: „Hör sofort auf, immer dazwischenzureden!"
Stille.

Stimme 1: „Ich glaub, ich bin erleuchtet."
Stimme 2: „Das ist nur ein Gedanke."
Stimme 3: „Jetzt seid aber mal still!"
Stimme 4: „So wirst du nie erleuchtet."
Stille …

Nun könnte man sagen: „Du musst einfach mehr meditieren, dann wirst du auch auf Dauer erleuchtet und kannst diesen Zustand bis in alle Ewigkeit festhalten." Aber ist das denn wirklich Erleuchtung? Führt es zur Erleuchtung, wenn man alle seine Besitztümer verschenkt, sich Asche aufs Haupt streut, von der Welt zurückzieht, in einer Höhle im Himalaja lebt und 16 Stunden am Tag meditiert und die anderen acht darüber nachdenkt, warum man nicht 24 Stunden am Tag meditieren kann?

Ich war schon als Kind von einem unbändigen Forscherdrang beseelt, immer wollte ich herausfinden, warum etwas so ist, wie es ist – warum meine Nachttischlampe brennt, wenn ich sie anschalte, warum ich abends ins Bett muss, obwohl meine Eltern noch aufbleiben, warum ich Obst und Gemüse essen soll, obwohl Schokolade doch viel besser schmeckt. Ich war eben ein echt neugieriges kleines Kind und neugierig bin ich bis heute geblieben.

Selbst Götter streiten

Ich habe im Laufe der letzten Jahre mit sehr vielen Menschen gesprochen, die angeblich oder tatsächlich Erleuchtungszustände erlangt haben oder erleuchtet sind. Für viele von ihnen war Erleuchtung nur ein fernes Ziel, andere hatten tatsächlich ähnliche Erlebnisse wie ich gemacht.

So habe ich mich zum Beispiel einmal mit Chogye Trishen Rinpoche, einem ehemaligen Lehrer des Dalai Lama, getroffen, der ja wohl eine Autorität auf dem Gebiet der Erleuchtung sein muss. Wir sind also nach Nepal in das Kloster dieses Meisters gefahren. Dort wurden wir in einen Raum gebracht und man bat uns zu warten. Nach einiger Zeit ging die Tür auf und der Meister wurde hereingetragen. Sie haben richtig gelesen: Er wurde hereingetragen. Das lag nun aber nicht daran, dass er so gebrechlich gewesen wäre, sondern schlicht und einfach daran, dass er seine Beine nicht mehr normal benutzen konnte, weil er seit Jahren in der Meditationshaltung mit gekreuzten Beinen gesessen hatte.

Lächelnd saß er vor uns und seine Präsenz war so gewaltig, dass sie alles und alle im Raum berührte.

Am Anfang waren wir etwa sechs bis sieben Meter von ihm entfernt, aber seine Ausstrahlung war so gewaltig, dass sie den ganzen Raum erfüllte. Lächelnd saß er vor uns und seine Präsenz war so gewaltig, dass sie alles und alle im Raum berührte. Eine unglaubliche Erfahrung!

Er erzählte uns, dass es selbst im Zustand permanenter Erleuchtung immer wieder neue Elemente zu entdecken und immer wieder neue geistige Räume zu erforschen gilt. Als wir ihn ungläubig anschauten, erklärte er uns geduldig, dass es jenseits der Erleuchtung Welten um Welten gibt. Er war in die Unendlichkeit des Seins eingetreten.

Dieser große Meister, vor dem ich die größte Hochachtung

habe, verblüffte uns zum Beispiel mit der Aussage, dass auch Götter streiten. Es war für mich unglaublich eindrücklich, aus diesem berufenen Munde zu hören, dass nach der Erleuchtung nicht alle Probleme verschwinden und man ständig einen halben Meter über dem Boden schwebt, sondern dass der Alltag immer noch da ist und gemeistert werden will.

Wer also glaubt, dass nach der Erleuchtung alles leicht und locker sein wird, den muss ich an dieser Stelle enttäuschen. Es wäre ja vielleicht schön, wenn es so wäre, aber so ist es nun einmal nicht. Auch ziehen wir nun nicht plötzlich nur noch Menschen an, die freundlich lächelnd nur unser Bestes wollen – nach dem Motto „Gleich und gleich gesellt sich gern" oder wie die Amerikaner sagen „Birds of a feather flock together" (Vögel gleichen Gefieders gehören demselben Schwarm an). Wir begegnen auch weiterhin Herausforderungen, an denen wir wachsen können. Und das heißt eben auch, dass wir uns mit Menschen und Situationen auseinandersetzen müssen, die uns möglicherweise als unangenehm erscheinen mögen.

Ebenso „wahr" ist nach meiner eigenen Erfahrung aber auch, dass wir immer mehr Gleichgesinnten begegnen dürfen, dass aber auch unsere Herausforderungen „wachsen". Je höher der Bewusstseins- und damit Reifegrad eines Menschen, desto größer werden auch die Herausforderungen sein, vor die er sich gestellt sieht. Das kann man an der gesamten Tibetproblematik und dem Schicksal des Dalai Lama besonders gut sehen.

Ich möchte noch auf den Unterschied zwischen dem Dalai Lama und seinem ehemaligen Lehrer in Bezug auf ihre Präsenz eingehen. Was ich bei Chogye Trishen Rimpoche wahrgenommen hatte, hatte ich noch niemals zuvor gespürt. Er hatte in einer Ecke des Raumes gesessen, aber sein Bewusstsein hatte den gesamten Raum erfüllt. Ich konnte die Präsenz, die ich bei seinem Lehrer gespürt hatte, beim Dalai

Lama nicht spüren, obwohl ich darauf gehofft hatte. Das mag wohl daran liegen, dass der Lehrer sich auf nichts anderes konzentriert als auf seine spirituelle Entwicklung, während der Dalai Lama ja als religiöses wie weltliches Oberhaupt der Tibeter unzählige andere Pflichten hat, für die er seine eigene spirituelle Praxis zwangsläufig vernachlässigen muss. Als Mensch hat er eine wirklich tolle Ausstrahlung, aber diese übergeordnete Präsenz, dank der ich den Meister in jeder Ecke des Raumes und mit jeder Faser meines Körpers gespürt hatte, die erlebte ich beim Dalai Lama nicht.

Der Alltag ist die Meditation

Ich glaube fest daran, dass Meditation nicht bedeutet, auszusteigen und beispielsweise nach Asien zu verschwinden, um dort im Himalaja Erleuchtung zu suchen, sondern dass gerade der Alltag die eigentliche Meditation ist. Das Leben, in das wir hineingeboren wurden, mit all seinen Freuden und Leiden, mit seinen speziellen Herausforderungen, ist Gegenstand der Meditation – ist die Meditation selbst. Und das heißt für viele von uns, dass wir die Ruhe mitten in der Hektik des Berufslebens, die Stille auf einem Rockkonzert, Mitmenschlichkeit im härtesten Konkurrenzkampf, Liebe inmitten von Gleichgültigkeit, Feindseligkeit und Gewalttätigkeit finden dürfen.

Wer in der Stille eines Klosters nicht erleuchtet wird, dem ist wohl nicht mehr zu helfen. Als zeitweiliger Rückzugsort mag ein Kloster wohl nützlich sein, aber auf Dauer kommt niemand darum herum, seine Mitte in Beziehungskrisen, Kindergeschrei und beruflichem Dauerstress zu finden. Alle großen Meister haben gesagt, dass das ganze Leben zur Meditation werden muss. Unabhängig von dem, was man tut, wofür man sich interessiert, womit man sein Geld verdient, kann man erkennen, dass alles miteinander verbunden ist, dass wir nicht wirklich voneinander getrennt, sondern eins sind. Wenn man das erkennt, hat man das große Ziel erreicht. Was dann kommt? Schau'n wir mal …

Nun werden sich vielleicht einige Leser an den Kopf fassen und stöhnen: „Der Grube ist also doch so ein abgehobener Esoterik-Freak!" Bin ich das? Ich weiß nur, dass ich mir mit meiner (angeborenen?) Skepsis oft sogar selbst im Weg stehe, aber wenn man bestimmte Dinge „erfahren" hat, dann kann man diese Erfahrungen nicht mehr einfach wegdiskutieren. Es sind durch die eigene Erfahrung sozusagen Fakten geworden, die kein Wissenschaftler dieser Welt „beweisen" kann, die aber trotzdem da sind.

> Quantenphysiker sagen: Alles im Universum steht miteinander in Zusammenhang, hängt voneinander ab, beeinflusst sich wechselseitig und bezieht sich aufeinander.

Quantenphysiker sind bereits vor einiger Zeit zu dem Schluss gekommen, dass nichts für sich allein existieren kann und dass man daher auch nichts isoliert betrachten kann. Alles im Universum steht miteinander in Zusammenhang, hängt voneinander ab, beeinflusst sich gegenseitig und bezieht sich aufeinander. Die Chaostheorie hat zumindest theoretisch bewiesen, dass der Flügelschlag eines Schmetterlings in Brasilien sehr wohl zum Auslöser eines Tornados in Texas werden kann.

Und wir sollten vielleicht einmal darüber nachdenken, dass um die seltenen Metalle in unseren Handys wie zum Beispiel

Tantal im Kongo Kriege geführt werden. Wenn uns das wirklich bewusst wäre, würden wir vermutlich unsere Handys nicht mehr schneller als unsere Unterhosen wechseln.

Zwischen Askese und Hedonismus: der mittlere Weg

Aber zurück zur Erleuchtung: Viele von uns glauben, dass man sich von der Welt zurückziehen müsse, um erleuchtet zu werden, dass man keinen Wein trinken, kein Fleisch essen dürfe und so weiter. Manche glauben sogar allen Ernstes, dass Lachen, Singen, Tanzen und Sex der Erleuchtung abträglich wären.

Dabei fällt mir die folgende Geschichte ein, die etwas über die beiden Extreme Askese und Hedonismus aussagt.

Wie lange noch bis zur Erleuchtung?
Ein Sucher befindet sich auf dem Weg zum Buddha. Er kommt an einem Mann vorbei, der mit einigen hübschen Frauen tanzt, dabei lacht und vergnügt mit einigen Bauern aus einer großen Weinflasche trinkt. Der Mann bittet ihn fröhlich lallend, den Buddha zu fragen, wie lange er unter diesen Umständen wohl brauchen wird, bis er erleuchtet ist. Der Mönch verspricht dies zu tun. Dann kommt er an einem Mann vorbei, der auf einem Termitenhaufen sitzend in der prallen Mittagssonne meditiert. Der Mann bittet ihn mit schmerzverzerrtem Gesicht, den Buddha zu fragen, wie lange er unter diesen Umständen wohl brauchen wird, bis er erleuchtet ist. Der Mönch verspricht dies zu tun.
Auf dem Rückweg kommt er wieder bei dem leidenden Mann auf dem Termitenhaufen vorbei. „Was hat der Buddha gesagt?“, ruft dieser ihm mit schmerzverzerrtem Gesicht entgegen. Der Mönch

antwortet: „Du brauchst bis zur vollständigen Erleuchtung noch zwei Leben." „O wie schrecklich, ich ertrage es nicht!", ruft der Gepeinigte und gibt entmutigt auf.
Dann kommt der Mönch zu dem lachenden, tanzenden, trinkenden Mann. „Was hat der Buddha gesagt?" wird er von ihm lallend gefragt. „Siehst du den Baum dort drüben?", fragt der Mönch. „Der Buddha hat gesagt, du brauchst bis zur vollständigen Erleuchtung noch so viele Leben wie es Blätter an diesem Baum hat." „O wie wunderbar!", ruft der fröhliche Trinker und prostet seinen Freunden zu.
Welche Schlüsse Sie daraus ziehen, überlasse ich Ihnen, denn die Moral von der Geschichte, die verrate ich Ihnen nicht.

Tatsächlich propagiert der traditionelle Buddhismus zum Beispiel die Abwendung von der Welt als Voraussetzung dafür, sein eigentliches Wesen erkennen zu können. Familie, Besitz, Verpflichtungen und Bindungen werden als Hindernisse angesehen, wie am leichtesten an der Geschichte des historischen Buddhas selbst gesehen werden kann.

Siddhartha Gautama, ein indischer Prinz, der später nach seiner Erleuchtung *Buddha*, also der Erwachte, genannt wurde, verließ Frau und Kind, verzichtete auf seine Macht und sein beträchtliches Erbe und übte sich jahrelang in strenger Askese, bevor er erkannte, dass der mittlere Weg der Weg zur Erleuchtung war. Mittlerer Weg bedeutet aber im traditionellen Buddhismus noch nicht, dass auch ein berufstätiger Mensch mit Familie erleuchtet werden kann, sondern lediglich, dass der Körper nicht kasteit werden muss, um sein wahres Wesen zu erkennen, und dass man alle Extreme im Denken und Handeln vermeiden sollte.

Dass man der Welt entsagen müsse, halte ich schlicht und

einfach – man möge mir vergeben – für „Quatsch“, aber für Quatsch in Anführungszeichen. Warum Quatsch in Anführungszeichen? In den meisten heiligen Schriften steht, dass man der Welt entsagen müsse, aber ich bin davon überzeugt, dass man, wenn man der Welt eine Zeit lang entsagt und sein Ziel erreicht hat, in die Welt zurückkehren kann – ja sogar muss – und alles wieder machen darf.

Wer weiß, wer er ist, der wird sich nicht wieder so leicht durch die Verlockungen der Welt vom Weg abbringen lassen. Er mag Wein trinken, aber er wird nicht mehr versuchen, sich mit Alkohol zu betäuben. Er mag sich für Fußball interessieren, aber er wird sich nicht mehr nur mit „seiner“ Mannschaft identifizieren. Er mag Karriere machen und viel Geld verdienen, aber er wird deswegen nicht mehr seine Familie vernachlässigen.

Das wurde wohl nie schöner beschrieben, als im bereits 1922 erschienenen Buch *Siddhartha* von Hermann Hesse. Dort sagt Siddhartha nach seiner Erleuchtung: „So ist es, wenn Siddhartha ein Ziel, einen Vorsatz hat. Siddhartha tut nichts, er wartet, er denkt, er fastet, aber er geht durch die Dinge der Welt hindurch wie der Stein durchs Wasser, ohne etwas zu tun, ohne sich zu rühren: er wird gezogen, er lässt sich fallen. Sein Ziel zieht ihn an sich, denn er lässt nichts in seine Seele ein, was dem Ziel widerstreben könnte.“

Rückzug auf Zeit

Eines ist wohl unbestritten: Je weniger Ablenkung man hat, desto besser kann man sich auf ein Ziel konzentrieren. Wenn man zum Beispiel am nächsten Tag einen Abgabetermin für einen Artikel hat, ist es sicherlich besser, sich in sein Büro zurückzuziehen, das Handy abzustellen, die Familie zu bitten, die nächsten Stunden nicht zu stören und sich dann ganz auf die vor einem liegende Aufgabe zu konzentrieren.

Eine Diplomarbeit wird nie fertig werden, wenn man immer nur sehnsüchtig aus dem Fenster schaut und sich vorstellt, was man bei dem schönen Wetter alles tun könnte. Und wenn dann das Telefon klingelt und man sich mit den Freunden zum Fußballspielen trifft, danach ein paar Biere kippt – oder in meinem Fall zwei oder drei Whisky-Cola – und mitten in der Nacht angetrunken nach Hause getorkelt kommt, ist man seinem Ziel kein Stückchen näher gekommen. Das heißt, um ein Ziel zu erreichen – und zwar ganz egal welches –, muss man sich darauf konzentrieren. Daher kann es durchaus sinnvoll sein, sich eine Zeit lang aus dem normalen Alltag zurückzuziehen und zum Beispiel ein Seminar zu besuchen oder an einer Meditationsklausur teilzunehmen.

Um ein Ziel zu erreichen – und zwar ganz egal welches –, muss man sich darauf konzentrieren. Daher kann es durchaus sinnvoll sein, sich eine Zeit lang aus dem normalen Alltag zurückzuziehen.

Dort kann man sich ganz auf sich selbst konzentrieren und spüren, wie man in bestimmten Situationen reagiert, wie man mit bestimmten Herausforderungen umgeht, wodurch die berühmten Knöpfe gedrückt werden und so weiter. Aber nicht nur die Innenwelt kann so intensiver wahrgenommen werden, sondern auch die Außenwelt. So habe ich zum Beispiel einmal auf einem Seminar erlebt, wie ich eins mit einer Blumenwiese wurde.

Das muss man sich einmal auf der Zunge zergehen lassen und noch einmal ganz langsam sagen: Ich habe erlebt, wie ich eins mit einer Blumenwiese wurde.

Bevor ich erzähle, wie es dazu kam, muss ich vorausschicken, dass ich als typischer Kopfmensch ja solchen Dingen eigentlich extrem skeptisch gegenüberstehe. Aber ich war auf einem Seminar, das zehn Tage lang dauern sollte, und hatte mich bereits seit mehreren Tagen gezwungenermaßen ganz auf mich selbst konzentriert. An diesem Tag hatte uns der Seminarleiter mit der Aufgabe nach draußen geschickt, eine Stunde lang die Blätter eines Baumes nicht nur anzuschauen, sondern uns in sie hineinzufühlen. Wer schon einmal eine Stunde lang meditiert hat oder auf etwas geschaut hat, weiß, dass eine so verbrachte Stunde mehrere Ewigkeiten lang ist.

Als ich hörte, was wir machen sollten, dachte ich als erstes: „Na hoffentlich muss ich den Baum nicht auch noch umarmen! Soll ich jetzt etwa noch seine Energie aufsaugen und davonschweben?" Und dann sah ich natürlich auch einige Teilnehmerinnen, die offensichtlich professionelle Baumumarmerinnen waren, schleunigst loseilen und auf den nächsten Baum zustürzen, um ihn mit ihrer ganzen Liebe zu überschütten.

Ich redete mir gut zu und ermahnte mich selbst, offen zu bleiben und meine Vorurteile erst einmal ruhen zu lassen. Was hatte ich denn zu verlieren? Schließlich war ich ein Forscher, der sich selbst und seine Beziehung zum Universum erforschen wollte. Also ging ich nach draußen, um es einfach einmal auszuprobieren. Die etwa 70 Teilnehmer des Seminars verteilten sich auf dem Gelände, einige machten Atemübungen in der Nähe der Bäume und bereiteten sich anscheinend auf ihren baldigen Abflug von der Erde vor. Wieder machte ich mir klar, dass dies alles nur Vorurteile waren, die ich aufgrund meiner Konditionierungen hegte und dass ich im Grunde gar nichts über die anderen Teilnehmer wusste. Und letztlich waren diese auch vollkommen irrelevant, denn hier ging es ja um *mich*, um meine Beobachtung, um mein Erleben und meine Bewusstheit.

Und nach etwa 20 Minuten stillen Beobachtens geschah etwas Merkwürdiges und von mir gänzlich Unerwartetes. Es kam nämlich ein Moment, in dem ich keinen Widerstand mehr spürte, keinen Abstand mehr zwischen mir und den Blättern wahrnehmen konnte. Plötzlich spürte ich, wie der Saft das Blatt durchströmte. Es gab keinen Unterschied mehr zwischen mir und dem Blatt. Es war eine phänomenale Erfahrung, die mich beglückte, aber auch ziemlich erschreckte.

Ein Experiment

Gehen Sie hinaus in die Natur und stellen oder setzen Sie sich vor einen Baum oder eine Pflanze. Beobachten Sie ein Blatt. Konzentrieren Sie sich ausschließlich auf dieses eine Blatt und versuchen Sie, sich durch nichts ablenken zu lassen.
Was geschieht? Was fühlen Sie?
Was Sie denken, ist nicht wichtig, denn der Verstand sieht immer nur das Trennende, die Unterschiede. Konzentrieren Sie sich auf das, was Sie fühlen, denn das Herz weiß um das Verbindende, das Gemeinsame.

Nachdem ich mich vom ersten Schock erholt hatte, ging ich weiter und kam auf eine riesige Wiese, die mit Blumen übersät war. Verstohlen schaute ich mich um, denn mir war wichtig, dass mich keiner der anderen Teilnehmer sehen konnte, da mir die ganze Sache doch ziemlich peinlich war. Und eines wollte ich auf keinen Fall, nämlich dass die anderen das über mich dachten, was ich über sie dachte (!). Also sonderte ich mich bewusst ab.

Als ich einen etwas abgelegenen Platz gefunden hatte, stellte ich mich hin, konzentrierte mich auf meinen Atem und versuchte mich zu öffnen, mich in die Blumenwiese hineinzuversetzen.

Zuerst sah ich alles nur mit den Augen des Verstandes, ich sah die Grashalme und dachte, wie gut das Gras doch in der Erde verwurzelt war und wie sehr vielen von uns diese Verwurzelung fehlt. Ich sah die Schönheit der Blumen und dachte, wie selbstbewusst sie doch ihre Blüten öffnen und sich einfach so zeigen wie sie sind und wie traurig es ist, dass viele von uns ihre Schönheit nicht zeigen können.

Plötzlich sah ich eine Biene auf eine Blüte zufliegen und auf ihr landen. Und obwohl die Entfernung sicherlich zehn Meter betrug, konnte ich sowohl die Biene als auch die Blüte in allen Einzelheiten erkennen. Und das Summen der Biene hörte ich so laut, als würde sie direkt neben meinem Ohr herumfliegen. Und das alles ohne Drogen! Ich hatte nichts geraucht, nichts geschluckt, ich war einfach nur bewusst, weil ich mich nun schon seit fünf Tagen auf diesem Seminar befand und dieser erweiterte Bewusstseinszustand mehr und mehr zum Normalzustand wurde.

> Ich hatte erlebt, was es bedeutet, eins zu sein. Wenn man es einmal erlebt hat, vergisst man diese Erfahrung nie wieder.

Ich hatte erlebt, was es bedeutet, eins zu sein. Wenn die vielen Erleuchteten, Möchtegern-Erleuchteten und Pseudo-Erleuchteten davon reden, dass alles eins ist, weiß man nicht, was das bedeuten soll. Aber wenn man es einmal erlebt hat, vergisst man diese Erfahrung nie wieder. Ich hatte mich im Rahmen der von mir organisierten *Bleep*-Kongresse mit vielen Quantenphysikern unterhalten, die häufig davon gesprochen hatten, dass die moderne Physik längst zu dem Schluss gekommen ist, dass alles, was existiert – also Menschen, Tiere, Pflanzen, Steine, Planeten, Sonnen, Galaxien und so weiter –, tatsächlich auf der tiefsten Ebene „eins" ist. Nun war es keine theoretische Erkenntnis mehr, sondern eine lebendige *Erfahrung*, die mich zutiefst beglückte.

Spiritualität kann so einfach sein
oder
Was tut mir eigentlich gut?

Es geht gar nicht einmal darum, Erleuchtung zu erlangen oder sich großartige weltbewegende Ziele zu setzen, es geht schlicht und einfach darum, ein besseres Leben zu führen – ein Leben voller Glück.

Es geht um ein anderes Leben, nämlich um das Leben, das ich tatsächlich leben möchte.

Wenn mir das gelingt, dann werde ich vielleicht überrascht feststellen, dass ich mich jetzt auch wieder auf die Arbeit freue und morgens gern aufstehe, statt mich lustlos aus dem Bett zu quälen und meinen müden Körper zur Arbeit zu schleppen.

Joe Dispenza fragt im Film *Bleep*: „Ist es möglich, dass wir uns so an unser tägliches Leben gewöhnt haben, an die Art und Weise, wie wir unser Leben gestalten, dass wir überzeugt sind, keine Kontrolle zu haben? Wir sind konditioniert zu glauben, dass die externe Welt realer ist als unsere innere Welt. Dieses neue Wissenschaftsmodell besagt genau das Gegenteil: Was in uns ist, produziert die externen Ereignisse in unserer Welt."

Wir fragen: „Ist es möglich …?" Wir sagen nicht: „So ist es!!!" Wir stellen lediglich Alternativen zum gängigen Denken vor, wir fordern keinen blinden Glauben und schon gar keinen Gehorsam. Wir wollen zum Nachdenken anregen und nicht neue Dogmen verbreiten. Wir geben den Menschen ihre Selbstbestimmung zurück und zwingen sie nicht in eine neue Sklaverei hinein.

> Informiert euch so umfassend wie möglich.
> Trefft eure eigenen Entscheidungen, denn es ist euer Leben.

Wir haben immer gesagt: „Schaut, was euch anzieht. Informiert euch so umfassend wie möglich. Probiert es aus. Trefft eure eigenen Entscheidungen, denn es ist euer Leben."

Zum Glück leben wir nicht mehr im Mittelalter und zum Glück haben die christlichen Kirchen heute nicht mehr die Macht, die sie früher einmal hatten. Hat früher jemand die Lehren der allein selig machenden Kirche infrage gestellt oder auch nur anders gelebt, so konnte er – und vor allem sie – mit Sicherheit damit rechnen, geächtet, verbannt, gefoltert oder sogar verbrannt zu werden. Es gab Hexenverbrennungen; es gab die „heilige" Inquisition. Alle, die die Kirche als Ketzer bezeichnete, weil sie eine andere Meinung vertraten als sie, die unfehlbaren Stellvertreter Gottes auf Erden, wurden an den Pranger gestellt, verbannt oder gar ermordet. Unvorstellbar!

Heute bekommt man zum Glück nur böse E-Mails, aber ich muss ehrlich sagen, angesichts des Tones, der in manchen dieser Briefe angeschlagen wurde, bekam ich es manchmal dennoch richtig mit der Angst zu tun. Gegen Ende des letzten Jahrhunderts war man schon verdächtig und wurde schief angesehen, wenn man meditierte oder sich mit östlichen Philosophien beschäftigte. Mittlerweile hat sich das alles etabliert und der Buddhismus zum Beispiel ist zu einer richtigen Trendreligion geworden. Fast jeder hat heute schon einmal einen Yoga-Kursus oder Qigong gemacht, Meditation ausprobiert oder war einmal eine Zeit lang Vegetarier.

Der Urgeist des Yoga

Leider beschränkt sich das Yoga, das heute bei uns praktiziert wird, auf die rein körperlichen Aspekte und dient vor allem der Entspannung oder wie das Power-Yoga der Kräftigung und Dehnung der Muskeln. Yoga ist zu einem reinen Fitnessprogramm geworden und die geistigen Hintergründe, die eigentlich unverzichtbar für eine erfolgreiche Yoga-Praxis sind, wurden fast vollständig ausgeklammert. Der Urgeist des Yoga ist bei uns im Westen völlig verloren gegangen.

Durch die harmonischen Bewegungen und Körperhaltungen des Yoga sollen ja Körper, Geist und Seele in Einklang gebracht werden, der Mensch soll an das Göttliche, der Körper an den Geist „angejocht" werden. Daher der Name *Yoga*, was so viel wie „Joch" bedeutet.

Heute meditieren oder beten wieder viele Menschen. Man sagt ja: „Beten heißt, mit dem Göttlichen zu sprechen. Meditieren heißt, dem Göttlichen zuzuhören." Für mich ist auch das Gebet Meditation, denn in ihm kann ich mir über bestimmte Dinge klar werden, meine Wünsche formulieren und herausfinden, was mir guttut und was nicht, was ich will und was ich nicht will.

> Ich darf eine Praxis abbrechen, wenn ich merke,
> dass sie mir nicht zusagt; ich darf experimentieren;
> ich darf herausfinden, wie *mein* Weg aussieht.

Ich darf verschiedene Dinge ausprobieren; ich darf eine Praxis abbrechen, wenn ich merke, dass sie mir nicht zusagt; ich darf experimentieren; ich darf herausfinden, wie *mein* Weg aussieht. Natürlich sollte man nicht gleich nach der ersten Meditation sagen: „Stillsitzen ist nichts für mich. Dazu bin ich viel zu nervös." Oder nach der ersten Yoga-Stunde: „Yoga ist nichts für mich. Dazu bin ich viel zu steif." Etwas Zeit sollte man sich schon geben, denn Stillsitzen hilft langfristig gesehen gegen Nervosität und Yoga hilft gegen Steifheit.

Jeder Mensch hat seine eigene Wahrheit

Jeder gute Lehrer oder wahre Meister wird einen Schüler gehen lassen, wenn dieser es will. Wer einen Schüler nicht gehen lassen will, der ist für mich ein Scharlatan und ein falscher Meister. Jeder große Meister wird sagen: „Übe, aber du musst nicht bei mir bleiben. Du darfst deinen eigenen Weg finden." Er wird auch akzeptieren, wenn ihn der Schüler übertrifft. Er wird nicht versuchen, den Schüler klein zu halten, sondern er wird ihn immer ermutigen, das Höchste zu werden, was er überhaupt werden kann. Und er wird ihn ermuntern, selbst zum Lehrer zu werden und das weiterzugeben, was er selbst gelernt hat. Jeder wahre Lehrer wird wünschen, dass der Schüler vom Schaf zum Hirten wird, nach draußen geht und seine eigene Botschaft verbreitet.

> Es gibt keine eine Wahrheit, denn zur Wahrheit wird das, von dem man meint, dass es die Wahrheit ist.

Jeder Mensch hat seine eigene Wahrheit, es gibt nicht die eine Wahrheit, die irgendein Meister oder irgendeine Gruppe für sich gepachtet hat.

Es gibt keine eine Wahrheit, denn zur Wahrheit wird das, von dem man meint, dass es die Wahrheit ist. Es gibt so viele Wahrheiten, wie es Menschen auf diesem Planeten gibt.

Es gibt keine eine Realität, denn zur Realität wird das, von dem man meint, dass es Realität ist. Es gibt so viele Realitäten, wie es Menschen auf diesem Planeten gibt.

Die Herausforderung einer zeitgemäßen Spiritualität besteht darin, den gemeinsamen Nenner all dieser Realitäten und Wahrheiten zu finden.

Deshalb ermutige ich alle Menschen, die sich auf den Weg machen wollen, um ein glücklicheres, erfüllteres Leben zu führen, dazu, sich zu informieren, sich mit anderen Menschen – mit Gleichgesinnten wie Kritikern – auszutauschen und auseinanderzusetzen, inspirierende spirituelle oder wissenschaftliche Bücher zu lesen, sich Filme anzuschauen, die die eigene Sichtweise infrage stellen, zu Vorträgen oder auf Seminare zu gehen und verschiedene Dinge, Methoden und Praktiken selbst auszuprobieren. Und dies alles darf durchaus spielerisch sein, man muss nicht bierernst sein und eine Trauermiene aufsetzen, um spirituell zu sein. Denken Sie nur daran, wie häufig zum Beispiel der Dalai Lama lacht. Ist das nicht inspirierend?

Machen Sie sich auf den Weg

Geben Sie nicht gleich auf, wenn es einmal schwierig wird. Durchhaltevermögen und Ausdauer sind wichtige Eigenschaften, die uns nicht nur im Alltagsleben, sondern auch auf dem spirituellen Weg weiterhelfen. Im Buddhismus gibt es fünf Hemmnisse auf dem Weg, von denen Trägheit eines ist. Trägheit oder Faulheit ist wohl unser schlimmster Feind auf dem Weg, denn wie leicht ist es doch, Ausreden zu finden, warum ich jetzt in diesem Augenblick etwas nicht tun kann, warum ich mein Leben nicht jetzt ändern kann, warum ich zu dem Seminar, von dem ich eigentlich genau weiß, dass es mir guttun würde, jetzt nicht gehen kann. Ich bin zu müde, ich hab jetzt keine Lust, ich bin gestresst, ich hab noch nicht gegessen, ich habe zu viel gegessen, draußen regnet es, nächste Woche kann ich ja auch noch gehen und und und. Ausreden, nichts als Ausreden!

> Die Überwindung der Trägheit
> ist der erste Schritt zur Erleuchtung.

Die Überwindung der Trägheit ist der erste Schritt zur Erleuchtung. Ich muss aufstehen und anfangen zu gehen. Sonst wird nichts passieren. Ich kann immer fünf oder zehn Minuten finden, um etwas zu tun, was mir guttut und was mich weiterbringt. Leider sind wir nicht so konditioniert worden, dass das, was uns guttut und was uns Freude macht, in unserem Leben auch an erster Stelle steht. Es gibt tausend Dinge, die wir tun sollen und tun müssen, bevor wir uns um uns selbst kümmern dürfen. Alles andere hat immer Vorrang.

Das haben wir am Beispiel unserer Eltern gesehen, das hat man uns in der Familie, im Kindergarten, in der Schule, in der Lehre, an der Universität und am Arbeitsplatz beigebracht. Wer sich um sich selbst kümmert, ist ein Egoist! Und wer will schon ein Egoist sein? Wir dürfen es heute aber anders machen. Wir können unseren Kindern zeigen, dass wir Dinge tun dürfen, die uns guttun. Und wenn sie sehen, wie glücklich und erfüllt wir dabei sind, dann werden sie uns nacheifern und dieselben oder ähnliche Dinge tun.

Jetzt muss ich mich gerade selbst an die Nase fassen und mich daran erinnern, dies auch täglich umzusetzen und konsequent dranzubleiben. Und dies ist auch meine Bitte an Sie, die Sie dieses Buch lesen: Bleiben Sie dran. Beginnen Sie mit kleinen Dingen. Überfordern Sie sich nicht, aber machen Sie sich jetzt auf den Weg. Nicht morgen, nicht nächste Woche, nicht nach Neujahr, sondern JETZT.

Eine Liste der Dinge, die mir guttun

Viele Menschen denken, eine Veränderung ihres Lebens sei sehr kompliziert und würde viel Unruhe mit sich bringen, aber es muss überhaupt nicht kompliziert sein und auch nicht Ihr ganzes bisheriges Leben vollkommen auf den Kopf stellen. Ich glaube, wenn Sie ganz banal anfangen und sich einfach einmal überlegen, was Ihnen eigentlich Spaß macht und was Sie nicht tun, obwohl es Ihnen Spaß macht, dann haben Sie schon einen guten Ausgangspunkt gefunden, von dem aus Sie sich auf den Weg machen können. Erstellen Sie doch einmal eine Liste, auf denen die Dinge stehen, die Sie gern tun.

Auf meiner Liste steht zum Beispiel: spazieren gehen. Da steht: im Whirlpool sitzen. Und: in die Therme gehen, am Strand spazieren gehen, Windsurfen, mit meiner Frau ins Kino gehen, essen gehen. Diese Liste könnte ich endlos fortsetzen. Und Sie? Was steht auf Ihrer Liste?

Die Liste des Gut-Tuns

Schreiben Sie zehn Dinge auf, die Ihnen Freude bereiten und Ihnen guttun.

Schreiben Sie dann auf, wie häufig Sie diese Dinge tun.

Schreiben Sie auf, warum Sie diese Dinge nicht häufiger tun.

Allein dass ich diese Liste erstelle und anfange, über mein Leben nachzudenken, ist bereits ein großer Schritt und der Beginn meines eigenen Weges. Wer macht das denn schon? Wer nimmt sich angesichts all der vielen Dinge, die wir täglich tun müssen, denn schon die Zeit dafür? Nur die wenigsten setzen sich einmal in Ruhe hin und überlegen sich, was ihnen eigentlich Freude machen würde. Aber wenn wir nicht wissen, was uns Freude macht, wie können wir dann erwarten, das Leben zu führen, das wir führen möchten?

Wenn wir nicht wissen, was uns Freude macht, wie können wir dann erwarten, das Leben zu führen, das wir führen möchten?

Spiritualität ist ein Wort über das man vorzüglich diskutieren kann und jeder findet für sich sicherlich eine gute und passende Definition, Für mich heißt spirituell zu sein, mich mit dem Leben auseinanderzusetzen, mich mit dem Geistigen auseinanderzusetzen. Klingt einfach, oder? Noch einmal: Wer setzt sich hin und überlegt sich, ob er das tut, was ihm Spaß macht, woran er Freude hat und was ihn erfüllt? Die Anforderungen anderer Menschen versuchen wir immer zu erfüllen, aber die Anforderungen unserer Seele ignorieren wir viel zu oft.

Was macht Ihnen eigentlich Spaß?

Was macht Ihnen eigentlich Spaß? Wissen Sie es? Da fängt es doch schon an, denn häufig wissen wir nicht einmal, was uns eigentlich Spaß macht. Vielleicht ist es für manche Menschen einfacher, mit einer anderen Liste zu beginnen. Diese Liste trägt den Titel: Was mir keinen Spaß macht! Daraus entwickelt sich dann möglicherweise automatisch, was mir Spaß macht.

Also fange ich an und frage mich: Was macht mir keinen Spaß? Auf der Couch zu liegen, Fernsehen zu schauen und dabei von einem Sender zum anderen zu zappen. Was noch? Mich mit „Freunden" zu treffen, die ich eigentlich gar nicht mag; mich über Dinge zu unterhalten, die mich eigentlich gar nicht interessieren; den ganzen Tag zu arbeiten, ohne dabei auch nur einmal Freude zu empfinden; ständig demselben Druck ausgesetzt zu sein; immer nach dem Terminkalender zu leben; im Regen zu stehen statt in der Sonne und so weiter.

Eine weitere gute Frage: Wie viel Zeit verwende ich auf die Dinge, die mir keinen Spaß machen? Und meistens lautet die Antwort: Viel zu viel. Warum tue ich das?

Die Liste des Nicht-Gut-Tuns

Schreiben Sie zehn Dinge auf, die Ihnen keine Freude bereiten und Ihnen nicht guttun.

Schreiben Sie dann auf, wie häufig Sie diese Dinge tun.

Schreiben Sie auf, warum Sie diese Dinge so häufig tun.

Wenn ich meine Listen erstellt habe, dann fange ich an zu überprüfen, ob ich das, von dem ich weiß, dass es mir Spaß macht, auch wirklich tue. Punkt eins: Mache ich das? Nein! Punkt zwei: Mache ich das? Wieder Nein! Punkt drei mache ich auch nicht. Punkt vier? Wie oft mache ich Punkt vier? Hab ich schon mal gemacht. Wie oft? Einmal im Jahr. Und Punkt fünf? Na ja, einmal in zwei Jahren.

Wenn ich alle Punkte durchgegangen bin und festgestellt habe, dass ich von zehn Punkten gerade mal sechs höchstens einmal im Jahr tue, dann ist das zwar ein erster Schritt und in diesem Sinn auch ein Fortschritt, aber einmal im Jahr bei 365 Tagen zu je 24 Stunden? In diesem Augenblick fange ich an, mir meines Lebens und meiner Prioritäten bewusst zu werden.

Nun überprüfe ich, wie häufig ich die Dinge tue, die mir keinen Spaß machen. Also los: Auf der Couch liegen und pausenlos von einem Sender zum anderen zappen? Jeden Abend. Mich über Dinge unterhalten, die mich eigentlich gar nicht interessieren? Jeden Tag. Mich mit „Freunden" treffen, die ich eigentlich gar nicht mag? Mehrmals die Woche. Und so weiter. Und plötzlich stelle ich fest, dass ich von zehn Dingen, die ich nicht gern tue, acht beinahe jeden Tag oder zumindest regelmäßig tue.

Offensichtlich besteht in meinem Leben ein Ungleichgewicht, herrscht eine Dissonanz zwischen Wollen und Handeln. Und wozu führt diese Dissonanz, dieser ständige Konflikt in meinem Inneren? Sie kann nur zu einem führen: zu Krankheit. Die ständig vorhandene Dissonanz, diese ununterbrochene Nichtübereinstimmung zwischen meinen tatsächlichen Bedürfnissen und den Anforderungen, die ich meine, an mich selbst stellen zu müssen, um die Erwartungen anderer Menschen zu erfüllen, macht mich krank. Punkt!

Es führt dazu, dass ich mich permanent schlecht fühle, dass ich mich mit meiner Frau streite, dass ich meinen

Kindern nicht die Aufmerksamkeit schenken kann, die sie brauchen, dass ich mich nicht voll auf meine Arbeit konzentrieren kann – und das alles nur, weil ich lauter Dinge tue, die mir keine Freude machen.

Spiritualität kann so einfach sein

Nun habe ich also zwei Listen. Auf der einen stehen die Dinge, die ich will, die mir guttun und die mir Spaß machen – und die ich, wie mir gerade aufgefallen ist, viel zu selten tue. Auf der anderen Liste stehen die Dinge, die ich nicht will, die mir nicht guttun und die mir keinen Spaß machen – und die ich zu meiner Überraschung viel zu häufig tue. Nun habe ich die Wahl. Will ich fortfahren wie bisher oder will ich mein Leben ändern? Will ich weiterhin Dissonanz in meinem Leben zulassen – was unweigerlich zu Krankheit und Unglück führen muss – oder will ich nach Harmonie in meinem Leben streben – was unweigerlich zu Gesundheit und Glück führen muss.

Also fange ich an: Ich lege mich nicht mehr jeden Abend auf die Couch und starre auf den Bildschirm, ich spiele lieber mit meinen Kindern. Ich gehe einmal die Woche mit meiner Frau in einen Film, der uns beiden gefällt. Statt mich mit Leuten zu unterhalten, die mir nichts zu sagen haben, lege ich mich lieber allein in den Whirlpool oder in die Badewanne und meditiere. Oder ich gehe abends noch spazieren oder fahre ein bisschen mit dem Fahrrad umher, statt ständig von einem Fernsehsender zum anderen zu wechseln. Zack! So einfach kann Veränderung sein! Aber es sind diese einfachen kleinen Veränderungen, die mit der Zeit große Auswirkungen haben.

Das ist für mich die Basis von Spiritualität. So einfach kann Spiritualität sein. Das kann jeder Mensch verstehen, oder etwa nicht? Selbst der sogenannte Normalbürger, der möglicherweise Angst vor dem Thema Spiritualität hat, weil er dabei sofort an Psychosekten und Gehirnwäsche denkt, kann erkennen, dass eine solche, ganz alltägliche Spiritualität auch für ihn möglich und sinnvoll ist.

Darum geht es. Es geht gar nicht einmal darum, Erleuchtung zu erlangen oder sich großartige weltbewegende Ziele zu setzen, es geht schlicht und einfach darum, ein besseres Leben zu führen – ein Leben voller Glück. Es geht um ein anderes Leben, nämlich um das Leben, das ich tatsächlich leben möchte. Wenn mir das gelingt, dann werde ich vielleicht überrascht feststellen, dass ich mich jetzt auch wieder auf die Arbeit freue und morgens gern aufstehe, statt mich lustlos aus dem Bett zu quälen und meinen müden Körper zur Arbeit zu schleppen.

> Es geht gar nicht einmal darum, Erleuchtung zu erlangen
> oder sich großartige weltbewegende Ziele zu setzen,
> es geht schlicht und einfach darum, ein besseres Leben zu führen –
> ein Leben voller Glück.

Dieselbe Arbeit, die ich vorher gehasst und verflucht habe, werde ich nun möglicherweise voller Freude machen, weil ich nun eine vollkommen neue Einstellung zum Leben habe. Habe ich vorher vielleicht gesagt: „Scheiß Job! Scheiß Kollegen! Scheiß Chef!", so gehe ich nun mit einer völlig neuen Motivation an dieselbe Sache heran. Und die Kollegen werden es merken, der Chef wird es merken, denn meine Laune wird sich gebessert haben und die Qualität meiner Arbeit wird sich verbessert haben. Das ist Veränderung an der Basis und wenn diese Veränderung einmal eingetreten ist, dann geht es voran.

Austausch von Herz zu Herz

Wenn ich mich nachhaltig verändern will, dann ist es ganz besonders wichtig, dass ich mich mit Gleichgesinnten von Herz zu Herz austauschen kann. Statt mich mit „Freunden" zu treffen, die ich im Grunde gar nicht mag, kann ich mir nun die Menschen suchen, mit denen ich mich auf einer Wellenlänge befinde. Für mich ist es eines der schwierigsten Dinge überhaupt, auf dem Dorf – aber auch in der Großstadt – Menschen zu treffen, mit denen ich mich niveauvoll über Dinge unterhalten kann, die uns beide interessieren. Wenn ich mit Blabla und belangloser Plauderei zufrieden bin, finde ich viele Leute, die sich auf derselben Ebene befinden, wenn ich aber über wirklich wichtige Dinge reden will, dann sind es immer nur wenige, mit denen dies möglich ist.

In den letzten Jahren hat sich das zum Glück stark verändert, weil immer mehr Menschen anfangen, über ihr Leben nachzudenken, ihre Erfahrungen zu reflektieren und anderen aufmerksam zuzuhören, wenn sie ihnen etwas von ihren spirituellen Erfahrungen erzählen. Ganz allgemein haben sich die Berührungsängste gegenüber der Spiritualität in den letzten Jahren sicher etwas abgebaut.

> Eine Minute des Austausches von Herz zu Herz
> wiegt Stunden belanglosen Plauderns auf.

Der Austausch mit anderen Menschen, die andere oder ähnliche Erfahrungen machen, bringt uns unglaublich weiter. Auf diese Weise können wir unsere eigenen Erfahrungen besser einordnen, unsere Sichtweisen überprüfen und unsere Muster besser erkennen. Eine Minute dieses Austausches von Herz zu Herz wiegt Stunden belanglosen Plauderns auf. Daher gehört der Austausch mit Gleichgesinnten unbedingt auf die Liste „Was tut mir gut?“ Leider vermissen viele Menschen auch heute noch diese Art von bereicherndem Austausch.

Ich habe selbst merken müssen, dass ich zwar viele Freunde hatte, von denen ich einige seit über 20 Jahren kannte, dass wir aber immer nur über die Themen redeten, an denen sie interessiert waren, ich aber eher weniger. Kam ich auf ein etwas tiefgründigeres Thema zu sprechen, das mir wichtig war, hieß es gleich: „Ach komm, lass uns doch lieber ein Video anschauen“ oder „Udo, jetzt hör doch mal mit diesem Esoterik-Gequatsche auf!“ Dadurch wurde mir sehr deutlich klar, welche Themen und welche Menschen mir Energie geben und welche Themen und welche Menschen mir Energie rauben.

Was gibt mir Energie?

Schreiben Sie auf, was Ihnen Energie gibt: welche Tätigkeiten, welche Orte, welche Menschen, welche Filme, welche Bücher, welche Art von Musik.

Schreiben Sie nun auf, wie häufig Sie diese Tätigkeiten ausführen, diese Orte aufsuchen, mit diesen Menschen Kontakt haben, diese Filme anschauen, diese Bücher lesen, diese Art von Musik hören.

Markieren Sie jetzt die Tätigkeiten, Orte oder Menschen, die Ihnen Energie geben, die Sie aber viel zu selten ausführen oder aufsuchen oder mit denen Sie viel zu selten Kontakt haben. Tun Sie dasselbe mit Filmen, Büchern und Musik.

Nehmen Sie sich fest vor, mindestens eine dieser markierten Tätigkeiten noch in dieser Woche zu machen, einen dieser markierten Orte noch in dieser Woche aufzusuchen und mit einem dieser Menschen noch in dieser Woche Kontakt zu haben. Tun Sie dasselbe mit Filmen, Büchern und Musik.

Nun bin ich nicht der Typ, der sich sofort zurückzieht, wenn der energetische Austausch mit einem Menschen einmal nicht ganz stimmig ist und mich nicht sonderlich befriedigt, sondern ich versuche erst einmal zu kommunizieren und dieses Thema offen anzusprechen. Wenn ich aber merke, dass bestimmte meiner „Freunde" dafür überhaupt nicht offen sind, ziehe ich mich von ihnen zurück, da mir bewusst geworden ist, wie wichtig es für mich ist, dass ich über die Dinge, die mir viel bedeuten, offen mit den Menschen reden kann, die mir viel bedeuten. Wenn ich mich in einer Freundschaft nicht mitteilen kann, muss ich diese Freundschaft beenden.

Manchmal ist Trennung notwendig

Manchmal ist eine Trennung notwendig, um auf dem eigenen Weg vorankommen zu können. Aber man sollte sich nie leichtfertig trennen, sondern es sich genau überlegen, da nicht jede Trennung automatisch auch zur Heilung oder zur Besserung einer Situation führt. Es hat mir aber gutgetan, mich von bestimmten Menschen zurückzuziehen, mit denen ich nur oberflächliche Gespräche führen konnte. Da sich immer eine neue Tür öffnet, wenn eine alte geschlossen wird, sind dadurch Menschen in mein Leben gekommen, mit denen ich seither einen weitaus intensiveren Austausch pflege.

Es ist für mich wichtig, dass ich über die Dinge,
die mir viel bedeuten, offen mit den Menschen reden kann,
die mir viel bedeuten.

Es ist nicht immer eine Trennung notwendig, man kann auch durch einen ehrlich geführten Dialog wieder zueinander finden und die Beziehung auf eine neue Grundlage stellen, aber Vorbedingung dafür ist, dass beide Parteien es wirklich wollen. Ist das nicht der Fall oder kommt man auch durch den intensivsten Dialog nicht zu einer Lösung, dann ist es besser, sich zu trennen, weil die Beziehung beide Partner blockiert und weil beide Partner leiden. Ist keine Offenheit da und ist die Bereitschaft nicht vorhanden, aufeinander zuzugehen, dann hat das Aufrechterhalten einer Beziehung keinen Sinn mehr. Dann hat sie ihren Zweck erfüllt und muss beendet werden.

Wird in einer Beziehung ein Bedürfnis auf Dauer nicht erfüllt und
muss ständig unterdrückt werden, dann entsteht ein Gefühl des
Mangels. Und aus dem Mangel entsteht Krankheit.

Wird in einer Freundschaft oder in einer Liebesbeziehung ein Bedürfnis auf Dauer nicht erfüllt und muss ständig unterdrückt werden, dann entsteht ein Gefühl des Mangels. Und aus dem Mangel entsteht wieder Krankheit, die sich entweder auf körperlicher, psychischer oder emotionaler Ebene zeigen kann – zum Beispiel als Depression oder psychische Störung, als Heuschnupfen, Burnout-Syndrom oder Krebs. Durch den Mangel entsteht ein permanentes Spannungsfeld, ein unausgeglichenes Energiefeld, aufgrund dessen irgendwann eine Krankheit entsteht, die uns – und das ist nun wieder die positive Seite – mit aller Deutlichkeit zeigt, dass wir irgendetwas in unserem Leben dringend verändern müssen.

Glück ist selten dort, wo man sucht
oder
Wie kommuniziere ich, wenn jeder seine Realität hat?

Viele Menschen suchen nur im Außen ihr Glück und werden es dort niemals finden. Andere ziehen sich auf der Suche nach Glückseligkeit zurück, verharren nur noch in der Meditation und schauen nur noch nach innen, aber ich glaube nicht, dass wir in diese Welt hineingeboren worden sind, um uns komplett von ihr zurückzuziehen.

Für manche mag dies ja möglicherweise durchaus der Weg zum Glück sein, aber es ist nicht MEIN WEG. Für mich geht es immer darum, die richtige Mischung zwischen Weltlichem und Spirituellem, zwischen Geist und Materie zu finden – eben den Weg der goldenen Mitte.

Wenn mich jemand bitten würde, die Kernaussage des Filmes *What the bleep do we (k)now* in einem Satz zu beschreiben, würde ich antworten: „Gedanken formen Realität."

Wenn ich diesen einen Satz noch weiter erläutern sollte, dann würde ich sagen: „Jeder Gedanke – egal welcher – wird letztendlich Realität. Und dies im Guten wie im Schlechten."

Das bedeutet auch, dass jeder Mensch in seiner eigenen Realität lebt und seine eigene Wahrheit hat. Jeder, der an etwas glaubt, glaubt natürlich auch daran, dass es richtig ist. Wenn nun ein anderer zu ihm sagt: „Das, woran du glaubst, ist nicht richtig", dann liegt er damit ziemlich falsch, denn für den, der an etwas glaubt, ist es zur Realität und damit zur Wahrheit geworden. Und damit hat er in gewisser Weise recht.

Nun sind aus dem einen Satz doch mehrere geworden, aber

das finde ich völlig in Ordnung, denn wenn man etwas sagt, muss man auch erklären, wie man es gemeint hat, da man nur so überhaupt darauf hoffen kann, vom anderen verstanden zu werden. Wir glauben eine gemeinsame Sprache zu sprechen, aber tatsächlich ist die Bedeutung, die wir bestimmten Worten geben, von Mensch zu Mensch unterschiedlich, weil Begriffe auch eine emotionale Komponente haben und jeder von uns im Laufe seines Lebens unterschiedliche Erfahrungen gemacht hat.

Vier Zeugen, vier Versionen

Umgangssprachlich sagt man, dass jede Medaille ihre zwei Seiten hat. Das bedeutet nichts weiter, als dass man jede Sache von zwei Seiten betrachten kann. Ich würde sogar sagen, man kann sie von so vielen Seiten betrachten, wie es Beobachter gibt. Da man also alles immer aus mehreren Blickwinkeln betrachten kann, gibt es so etwas wie eine objektive Wahrheit nicht.

> So etwas wie eine objektive Wahrheit
> gibt es nicht.

Denken Sie doch nur an Augenzeugenberichte bei einem Unfall. Je mehr Zeugen anwesend sind, desto mehr Versionen gibt es von dem, was geschehen ist. Gibt es überhaupt eine Möglichkeit festzustellen, was tatsächlich geschehen ist? Oder denken Sie nur an ein Fußballspiel. Zwei Spieler rennen aufeinander zu, einer geht zu Boden. Für die Anhänger des gestürzten Spielers ist es offensichtlich, dass er vom anderen böse gefoult wurde, für die Anhänger des anderen Spielers ist ebenso klar, dass er ganz offensichtlich eine „Schwalbe“ gemacht hat. Wo liegt die Wahrheit? Auch nach einer Videoanalyse werden beide Parteien auf ihrer Sichtweise beharren, weil sie emotional involviert sind.

Der berühmte Altmeister des japanischen Kinos, Akira Kurosawa, hat dieses Phänomen schon 1950 auf geniale Weise in seinem Filmklassiker *Rashomon* verarbeitet. Im Film geht es um die Darstellung der Vergewaltigung einer Frau und der Ermordung ihres Mannes, einem Samurai. Jeder der Beteiligten und Zeugen schildert den Vorfall aus seiner Sicht, sodass der Zuschauer letztlich mit der Frage konfrontiert wird, ob es so etwas wie eine Wahrheit überhaupt gibt.

Im Jahre 2008 zog Hollywood nach und Regisseur Pete Travis brachte mit *8 Blickwinkel* einen genialen Film auf die Leinwand, bei dem dieselbe Szene immer wieder aus acht verschiedenen Blickwinkeln gefilmt wird und der Zuschauer jedes Mal zu einer völlig neuen Interpretation der Situation gelangt.

Wenn vier Menschen an einem Tisch sitzen und sich ein Objekt wie zum Beispiel eine Tasse anschauen, dann bleibt das Objekt zwar das Objekt, aber die Sichtweise der vier Menschen ist jeweils eine andere. Obwohl sich alle vier einig sind und sagen werden: „Das ist eine Tasse“, haben sie doch keine Möglichkeit herauszufinden, was die anderen eigentlich unter einer Tasse verstehen. Wenn jeder von ihnen die Tasse beschreiben soll, kommen vier unterschiedliche Beschreibungen dabei heraus.

In der Sache herrscht anscheinend Einigkeit: Die Tasse hat einen Henkel, ist aus Porzellan gemacht, hat einen Boden, Wände und oben eine Öffnung, damit erschöpfen sich die Gemeinsamkeiten aber schon. Denn was ist ein Henkel? Was ist Porzellan? Worin besteht der Nutzen einer Tasse? Der alte chinesische Weise Laozi (Laotse), der Verfasser des berühmten *Daodejing (Tao te ching)*, sagt über Gefäße wie zum Beispiel eine Tasse: „Ton knetend formt man Gefäße. Doch erst ihr Hohlraum, das Nichts, ermöglicht die Füllung. Das Sichtbare, das Seiende, gibt dem Werk die Form. Das Unsichtbare, das Nichts, gibt ihm Wesen und Sinn." Auf unsere Tasse übertragen bedeutet das: So sehr wir auch die Form der Tasse zu beschreiben versuchen, so besteht doch ihr Wesen in dem, was sich nicht beschreiben lässt.

Wenn die vier Beobachter beschreiben sollen, was sie aus ihren unterschiedlichen Blickwinkeln sehen, kommt möglicherweise schon bald Streit auf. Auf der einen Seite der Tasse befindet sich vielleicht eine Blume, die der Beobachter auf der anderen Seite nicht sehen kann. Dafür ist auf einer anderen Seite ein kleiner Sprung, den die anderen nicht sehen können und so weiter. Jeder sieht eben etwas anderes – je nach Blickwinkel.

Realität ist formbar

Allein daraus können wir schon schließen, dass die Wahrheit nicht – wie Fußballlehrer Otto Rehhagel einst meinte – auf dem Platz liegt, sondern dass die Wahrheit immer sehr differenziert zu betrachten ist. Das gilt auch für die Religionen, denn aus ihrer Sicht und nach ihrer eigenen Logik hat jede Religion mit dem, was sie verkündet, recht. Tragisch ist nur, dass dieses „Recht" im Laufe der Jahrtausende immer wieder zu Krieg und Gewalt geführt hat, weil die Vertreter der verschiedenen Religionen außerstande waren, über ihren eigenen Tellerrand hinaus zu blicken und die Wahrheit in den anderen Religionen ebenfalls zu sehen.

> Jeder Mensch hat seine eigene Wahrheit.
> Jeder Mensch kann seine Realität durch seine Gedanken formen.

What the bleep do we (k)now sagt also aus: „Jeder Mensch hat seine eigene Wahrheit. Jeder Mensch kann seine Realität durch seine Gedanken formen.“ Das wird im Film von wissenschaftlicher Seite bestätigt. Der amerikanische Physiker Fred Alan Wolf sagt beispielsweise: „Es gibt draußen kein ‚da draußen‘ unabhängig von dem, was ‚hier drinnen‘ abläuft.“

Wenn wir also akzeptieren, dass die Realität formbar ist und dass sie durch unsere Gedanken geformt wird, dann sollten wir sehr gut darauf achten, was wir denken, was wir sagen und wie wir handeln, damit wir nicht etwas bekommen, was wir gar nicht wollen, sondern das, was wir möchten und was uns glücklich macht. Der Bestsellerautor Richard Bach, der unter anderem den Klassiker *Die Möwe Jonathan* geschrieben hat, lässt seinen Helden in *Illusionen* sagen: „Ich bin nicht auf der Welt, um sie zu beeindrucken. Ich bin auf der Welt, um ein Leben zu führen, das mich glücklich macht.“ Eben: ein Leben, das mich glücklich macht.

Wie der Dalai Lama schon sagte: „Jeder Mensch möchte glücklich sein. Kein Mensch möchte leiden.“ Letztlich strebt also jeder Mensch nach Glück, nur gehen viele von uns auf der Suche nach dem Glück die abenteuerlichsten Umwege und suchen häufig an den Orten danach, an denen es garantiert nicht zu finden ist. (Dies ist natürlich wieder einmal lediglich meine Betrachtungsweise und meine Wahrheit, denn anscheinend brauchen die Menschen ja genau diesen Umweg, um doch noch an ihr Ziel zu gelangen.)

Die Suche im Dunkeln

Dabei fällt mir eine alte persische Geschichte über Nasreddin, den heiligen Narren der Sufis ein. Was für uns Till Eulenspiegel, das ist für die Türkei und den gesamten Mittleren Osten bis nach Afghanistan eben dieser Nasreddin.

Die Geschichte geht so: Vor langer, langer Zeit lebte in Persien ein Mann, den einige für einen Heiligen, andere hingegen für einen Idioten hielten. Die Wahrheit liegt wahrscheinlich irgendwo dazwischen. Sein Name war Nasreddin. Er war bekannt dafür, dass er andere zum Narren hielt, um ihnen den Weg zur höchsten Erkenntnis zu zeigen.

Also: Eines Tages hatte sich ein sehr reicher Mann, der sich für äußerst klug hielt, mit Nasreddin gestritten. Er hatte behauptet, er wisse alles über das Glück und alles, was glücklich macht, denn schließlich habe er hinter seinem neuen Palast aus weißem Marmor einen großartigen Garten anlegen lassen mit tausenderlei Blumen und mit Vögeln in goldenen Käfigen. Auch habe er einen Harem mit den schönsten Frauen der Welt. Nasreddin glaubte nicht daran, dass Glück im Außen oder in Dingen zu finden sei, ihn interessierte die unmittelbare Erfahrung des Glücks, der direkte Kontakt mit seinem inneren Selbst und mit dem Göttlichen. Er wollte nicht über Glück reden, sondern es in sich erfahren. Der Reiche suchte das Glück in Dingen, Nasreddin hatte es in seinem eigenen Herzen erfahren, weil er zwar arm war, aber genau das Leben führte, das er führen wollte.

Am Abend sah Nasreddin den Reichen die Straße hinuntergehen. Er beschloss, ihm eine Lehre zu erteilen. Er hockte sich unter eine Laterne und kroch auf dem Boden herum. Der Reiche näherte sich, begrüßte ihn und fragte ihn stirnrunzelnd, was er denn da mache. Nasreddin setzte sich auf, kratzte sich an seinem langen Bart und seufzte: „Ich suche meinen Schlüssel."

Der reiche Mann bot sich an, ihm zu helfen und kroch ebenfalls auf dem Boden umher. Nach einer Weile wurde er allerdings ungeduldig und fragte: „Bist du dir überhaupt sicher, dass du ihn hier verloren hast?"

Nasreddin kratzte sich wieder am Bart und antwortete langsam: „Nein, ich bin mir sogar ziemlich sicher, dass ich ihn dort drüben verloren habe." Dann zeigte er auf eine Stelle im Gebüsch, die im Dunkeln lag.

Der Reiche wurde wütend und rief aus: „Du Idiot, warum suchst du dann nicht dort drüben?"

Nasreddin lächelte schlau und erwiderte: „Weil es mir dort zu dunkel ist, mein Freund!"

Wie Nasreddin in dieser Geschichte, so suchen auch wir häufig nach dem Glück an Orten, an denen es garantiert nicht zu finden ist. Denn haben uns nicht alle gesagt, dass es dort zu finden sei? In einem größeren Haus, einem schnelleren Auto, einem fetten Bankkonto, in Tausenden von Facebook-Freunden, einer neuen Beziehung, einer faltenfreien Stirn, einem durchtrainierten Körper?

Ist Kommunikation überhaupt möglich?

Nun stellt sich mir – und Ihnen vielleicht auch – die Frage, ob Kommunikation überhaupt möglich ist, wenn jeder Mensch seine eigene Wahrheit hat, die für ihn absolut real ist. Und mir drängt sich noch eine zweite Frage auf: Führt es zu mehr Toleranz, wenn wir begreifen, dass das, was für mich real und wahr ist, für mein Gegenüber nicht unbedingt auch real und wahr sein muss? Oder führt es zum Zusammenbruch jeglicher Kommunikation, wenn ich weiß, dass jeder Mensch die Dinge sowieso anders sieht?

Nach meiner Erfahrung hängt die Beantwortung dieser

Fragen sehr von den Beteiligten ab. Wenn sich zwei Menschen begegnen, die ihre eigene Wahrheit gefunden haben, muss die Kommunikation zwischen ihnen überhaupt nicht zusammenbrechen. Wenn sie aber in Extreme verfallen und beide darauf beharren, dass nur ihre Wahrheit Gültigkeit hat, dann wird es dazu kommen, dass die beiden Wahrheiten aufeinanderprallen – was wir heute jeden Tag in den Nachrichten miterleben können. Das wird erst zu verbalen Auseinandersetzungen, dann zu Tätlichkeiten und schließlich zu Krieg und Massenmord führen.

Ein anderer Aspekt dieses Themas ist das Missionieren. Wenn ich davon überzeugt bin, die Wahrheit gefunden zu haben, und dabei übersehe, dass andere Menschen andere Wahrheiten haben, dann werde ich sie vermutlich von meiner Wahrheit zu überzeugen versuchen. Auch dies führt wieder zu verbalen Auseinandersetzungen, Tätlichkeiten und Krieg und Massenmord. Denken wir nur daran, dass sowohl das Christentum als auch der Islam mit dem Schwert verbreitet wurden und dass sich der sowjetische wie der chinesische Kommunismus auf die Macht von Gewehren und Panzern stützte.

Es ist eine sehr gute Übung, sich eine bestimmte Situation aus der Sicht eines anderen Menschen vorzustellen, sich sozusagen „in seine Schuhe zu stellen“. Machen Sie dieses Experiment doch gleich einmal, wenn Sie Lust dazu haben.

Ein Experiment: In den Schuhen des anderen

Denken Sie an eine Situation, in der Sie sich mit einem anderen gestritten haben.

Ein Beispiel: Ich habe nach der Arbeit noch einen Freund getroffen, den ich seit Jahren nicht gesehen habe, und bin mit ihm ein Bier trinken gegangen. Darüber habe ich die Zeit vergessen und bin erst um 20.00 Uhr nach Hause gekommen, wo mich meine

Frau mit heftigen Vorwürfen überschüttet, weil sie das Essen um 19.00 Uhr fertig hatte.
Statt mich zu verteidigen und ihr zu erklären, was passiert ist und dass ich schlicht vergessen habe anzurufen, versuche ich, mich in ihre Situation hineinzuversetzen. Sie hat eine Stunde auf mich gewartet, das Essen ist mittlerweile kalt geworden, sie fühlt sich nicht wahrgenommen, die Kinder haben gequengelt, sie kann nicht verstehen, warum ich nicht angerufen habe und so weiter. Ich versuche die Situation aus ihrer Sicht zu betrachten und eine Deeskalation herbeizuführen.
Dies ist nur ein kleines Beispiel, ich bin mir aber sicher, Ihnen fallen Dutzende solcher Beispiele ein.

Wenn ich versuche, mich für die Wahrheit des anderen zu öffnen und sie in meine zu integrieren, habe ich nicht nur eine viel umfassendere Sicht der Dinge, sondern merke vielleicht auch, wie spannend Kommunikation überhaupt sein kann. Aber natürlich kann man niemanden dazu zwingen, sich in die Lage eines anderen zu versetzen, und so liegt es an dem Einzelnen, was er mit seiner eigenen Wahrheit und den Wahrheiten der anderen macht.

Gibt es so etwas wie eine objektive Wahrheit überhaupt?

Ist es denn überhaupt möglich, etwas objektiv zu betrachten? Gibt es so etwas wie Objektivität? Ich glaube nicht, dass es so etwas wie Objektivität gibt. Nein, ich gehe sogar so weit zu sagen, dass es Objektivität überhaupt nicht geben kann.

„Ich habe in den vergangenen Jahren meines Lebens viele Erfahrungen gesammelt, Überzeugungen entwickelt, nach eigenen Wahrheiten gesucht und viele fremde Wahrheiten gehört – zum Beispiel die Wahrheiten meiner Eltern, meiner Lehrer, meiner Geschäftspartner, meiner Partnerinnen und meiner Freunde." All diese Erfahrungen sind in meinem Gehirn gespeichert und zwar sowohl im Bewusstsein, aber stärker noch im Unterbewusstsein.

Das, was im Bewusstsein gespeichert ist, kann ich vielleicht noch nachvollziehen und verstehen, aber das, was im Unterbewusstsein gespeichert ist, kann ich selbst schon nicht mehr nachvollziehen. Dummerweise ist es aber genau das Unterbewusstsein, das den größten Teil unseres Lebens bestimmt. Unser Unterbewusstsein bestimmt, wie wir etwas wahrnehmen.

Wir nehmen also nie den gegenwärtigen Augenblick wahr, sondern den gegenwärtigen Augenblick nur vor dem Hintergrund all unserer vergangenen Erfahrungen – derer wir uns nicht einmal mehr bewusst sind und an die wir uns meistens überhaupt nicht mehr erinnern können.

Wenn ich etwas höre oder sehe und versuche es objektiv zu betrachten, dann kann mir das nicht gelingen, weil ich als Mensch immer meine subjektive, durch meine Erfahrungen und Programmierungen gefilterte Wahrnehmung habe. Das gilt auch, wenn ich mich wirklich nach Kräften bemühe, objektiv zu sein.

Das gilt übrigens auch für das Wünschen: Ganz gleich wie sehr ich mir wünsche, erfolgreich zu sein, wenn mein Unterbewusstsein aufgrund meiner Programmierungen davon überzeugt ist, dass ich ein Versager bin, wird das bewusste Erfolgsdenken, das ich dem unbewussten Versagensdenken übergestülpt habe, nicht zum Erfolg führen können – so sehr ich mich auch anstrengen mag.

> Die eine klare, objektive Wahrheit?
> Ich habe sie noch nicht gesehen!

Natürlich versuche ich, so objektiv wie möglich zu sein und die Wahrheiten anderer Menschen mit einzubeziehen, aber letzten Endes wird doch immer meine subjektive Wahrheitswahrnehmung siegen. Viele Wissenschaftler oder Journalisten bemühen sich wirklich nach Kräften um eine objektive Sichtweise oder Berichterstattung, aber letztlich wird alles, was sie sagen oder schreiben, durch ihre subjektive Wahrnehmung gefiltert. Die eine klare, objektive Wahrheit? Ich habe sie noch nicht gesehen!

Aus der Quantenphysik wissen wir, dass der Akt des Beobachtens das Verhalten des beobachteten Objektes verändert. Das mag auf der subatomaren Ebene ziemlich merkwürdig klingen, aber auf der menschlichen Ebene ist das offensichtlich. Wenn ich allein bin, verhalte ich mich anders, als wenn ich auf einem Kongress bin und einen Vortrag halte. Meiner Frau gegenüber verhalte ich mich anders als gegenüber meinen Eltern. Im Kreise meiner Freunde verhalte ich mich anders, als wenn ich mit einem neuen Geschäftspartner zusammen bin.

Kurz: Die Umgebung bestimmt mein Verhalten. Die Erwartungen der anderen bestimmen mein Verhalten. Weil mich andere beobachten, verhalte ich mich anders. Sobald mir jemand eine Frage stellt, verhalte ich mich anders, als wenn ich mir dieselbe Frage selbst stellen würde.

Nichts existiert für sich allein, niemand ist eine Insel

Das bringt mich nun noch einmal zu dem Punkt, dass nichts für sich allein existiert, sondern nur in Beziehung zu allem anderen. Objektivität würde voraussetzen, dass etwas für sich allein existieren und unabhängig von seiner Umgebung untersucht werden kann. Eine subjektive Betrachtungsweise geht hingegen davon aus, dass alles nur im Zusammenhang, in Beziehung verstanden werden kann.

Das gilt natürlich auch für alle zwischenmenschlichen Beziehungen. Kann ich in einer Partnerschaft meine Wahrheit so leben, als ob ich allein leben würde? Steht in einer Beziehung die Selbstverwirklichung der Partner oder die Beziehung selbst an erster Stelle?

Um diese Frage beantworten zu können, muss ich etwas weiter ausholen. Eine Beziehung kommt erst dann zustande, wenn ich meine „Antennen" sozusagen auf Empfang gestellt habe. Ich bin also erst allein, dann schalte ich „auf Empfang" um und treffe – in meinem Fall – eine Frau, von der ich annehme, dass sie zu mir passt. Dann lebt man dieses Zusammensein und zunächst ist alles wunderbar. Doch mit der Zeit und oft zunächst ganz unbemerkt stellen sich dieselben Muster ein, die dazu geführt haben, dass Beziehungen in der Vergangenheit gescheitert sind.

> „Schuld" ist also nicht meine neue Frau,
> sondern meine alten Muster sind schuld.

Wenn ich mir das anschaue und etwas darüber nachdenke, dann wird mir sehr schnell klar, dass ich meine alten Muster noch nicht aufgelöst habe. „Schuld“ ist also nicht meine neue Frau, sondern meine alten Muster sind schuld. Daraus ziehe ich nun den Schluss, dass ich zunächst einmal mich selbst befrieden und mit mir selbst ins Reine kommen muss. Ich muss erst einmal mein Ego etwas größer werden lassen, mein eigenes Ding durchziehen und mir über bestimmte Dinge klar werden. Und dann, wenn ich mit mir selbst im Reinen bin und Klarheit über diese Dinge erlangt habe, dann kann ich mich wieder der Partnerschaft zuwenden.

Ich glaube, wenn man das tut und zuerst einmal sein eigenes Ego befriedigt – und befriedet –, fördert man die Beziehung letzten Endes mehr, als wenn man sich immer wieder zwingt, auf Teufel komm raus an den tausend kleinen Unstimmigkeiten in einer Beziehung zu arbeiten und ständig nach Kompromissen zu suchen. Übrigens gilt ja auch im Buddhismus die Maxime, dass man sich zuerst um sich selbst kümmern muss, bevor man anfangen kann, die Welt zu verändern.

Das gilt eben auch für Beziehungen. Ich muss mit mir selbst ins Reine kommen, bevor ich eine befriedigende Partnerschaft leben kann. Wenn ich die Muster, die schon in den vorangegangenen Beziehungen zu Schwierigkeiten geführt haben, nicht erkennen und auflösen kann, werde ich immer wieder in dieselbe Falle tappen und zum Beispiel meiner Partnerin vorwerfen, genau wie ihre Vorgängerinnen zu sein. Dabei bin ich es, der sich genauso verhält wie er es schon in der alten Beziehung getan hat.

Das Zusammenspiel von Mann und Frau formt meine Partnerin mit und sie reagiert so, wie ich es von ihr erwarte. Und ich reagiere so, wie sie es von mir erwartet. So kann eine unheilvolle Dynamik entstehen, die oft genug in einer Abwärtsspirale resultiert – es sei denn, beide Partner ziehen sich von Zeit zu Zeit zurück, um mit sich selbst ins Reine zu kommen. Dann kann man sich neu begegnen und die Partnerschaft kann sich positiv entwickeln.

Sind beide Partner reif genug und ist die Bereitschaft dazu vorhanden, können sie sich natürlich auch gemeinsam zurückziehen und an den Themen arbeiten, die immer wieder zu Unstimmigkeiten führen. Dann können sie aneinander und miteinander wachsen.

Der einsame Wolf und das Rudel

Welchen Weg man geht, ist individuell sehr verschieden, weil es sehr stark von der Persönlichkeit der Beteiligten abhängt. Manche Paare können sich zum Beispiel in einer Paartherapie wunderbar weiterentwickeln, andere finden wieder zueinander, wenn sie eine Zeit lang getrennte Wege gegangen sind und ihre individuellen Themen für sich allein aufgearbeitet haben. Manche Menschen brauchen eine Gruppe und entwickeln sich auf einem Beziehungsseminar schneller weiter als sie es allein oder als Paar könnten. Jeder muss für sich allein herausfinden, was ihm entspricht, was für ihn authentisch, leb- und machbar ist.

Manch einer merkt dabei vielleicht, dass er in Beziehungen gar nicht zurechtkommt, aber trotzdem eine Partnerschaft haben möchte. Was tun? Wenn er erkennt, dass er ein Einzelgänger ist, wird er sich eine passende Partnerin suchen müssen, die ähnlich denkt. Die beiden werden vermutlich nicht zusammenziehen, sondern ihre eigenen Wohnungen behalten. Sie werden einfach einen Teil ihrer Freizeit miteinander verbringen, gemeinsam in Urlaub fahren, Sex miteinander haben, ins Kino gehen, essen gehen, aber die tagtägliche Begegnung, die ja auch sehr schnell zur Routine werden kann, die werden sie wohl vermeiden.

> Ich muss mir darüber klar werden, was für eine Art Mensch
> ich eigentlich bin. Bin ich ein Familienmensch?
> Oder bin ich eher ein Einzelgänger?
> Nichts davon ist richtig und nichts davon ist falsch.

Für welches Modell ich mich auch immer entscheiden mag, wichtig ist, dass ich mir darüber klar werde, was für eine Art Mensch ich eigentlich bin. Bin ich ein Familienmensch? Fühle ich mich in der Gruppe am wohlsten? Habe ich gern ständig Menschen um mich? Brauche ich Geselligkeit und Gesellschaft? Oder bin ich eher ein Einzelgänger? Fühle ich mich allein am wohlsten? Bin ich gern allein? Brauche ich viel Zeit für mich? Nichts davon ist richtig und nichts davon ist falsch.

Problematisch wird es, wenn ich in einer langjährigen Beziehung mit vier Kindern plötzlich entdecke, dass ich im Grunde ein einsamer Wolf bin, der nachts gern den Mond anheult. Aber auch hier ist es am besten, auf die Partnerin zuzugehen, offen und ehrlich mit ihr über die eigenen Bedürfnisse zu sprechen und zu schauen, wie sie darauf reagiert. Vielleicht ist es ja sogar möglich, Familie und Alleinsein unter einen Hut zu bringen, denn schließlich sind auch Wölfe ausgesprochene Rudeltiere. Wahrscheinlicher ist es aber, dass es zum großen Knall kommt, weil meine Partnerin damit nicht klarkommt. Aber genau das muss ich riskieren, wenn ich wirklich das Leben führen will, das mir entspricht. Also geht es letztlich wieder einmal um Authentizität.

Jeder muss für sich seine eigene Wahrheit finden

Jeder muss für sich seine eigene Wahrheit finden. Das gilt nicht nur in Beziehungen, sondern lässt sich auf jeden Bereich des Lebens übertragen. Ich muss herausfinden, was mich wirklich glücklich macht, auch wenn dies manchmal Konsequenzen hat, vor denen viele Menschen zurückscheuen. Wieder einmal geht es darum, den eigenen Weg zu gehen – was uns wieder zum Thema Erleuchtung bringt. Ich muss mir darüber klar werden, wie mein Weg aussieht, was für mich authentisch ist. Wenn ich das tue, dann bin ich wohl auch „erleuchtet".

Letzten Endes geht es doch immer darum, auf dieser Welt glücklich zu sein und das Leben zu genießen. Es geht doch darum, auf der Lebensreise Zeit zu finden, auch an den Blumen am Wegesrand zu schnuppern. Und wenn ich spüre, dass ich gern tanze, dann muss ich es auch tun – und nicht nur davon träumen. Wenn ich spüre, dass ich gern zwei oder drei Whisky-Cola trinke, dann muss ich es auch tun – und nicht nur daran denken.

> „Erkenntnis ohne Handeln ist sinnlos,
> Handeln ohne Erkenntnis ist Dummheit."

Erst muss ich erkennen, was mich glücklich macht und was ich gern tue, und dann muss ich es tun. Nichts ist schlimmer als ein ungelebter Traum. Der Buddha soll gesagt haben: „Es gibt zwei große Fehler auf dem Weg zur Erleuchtung. Der eine besteht darin, den Weg nicht zu Ende zu gehen, der andere, überhaupt nicht loszugehen." Eben: Auf die Erkenntnis muss die Tat folgen, sonst ist die Erkenntnis nichts wert. Wie der alte Spruch schon sagt: „Erkenntnis ohne Handeln ist sinnlos, Handeln ohne Erkenntnis ist Dummheit." Es braucht eben beides.

Wenn ich also erkenne, dass ich gern in einer Partnerschaft lebe, dann muss ich auch etwas dafür tun, dass ich in einer Partnerschaft leben kann. Und wenn ich weiß, dass ich auch viel Zeit für mich selbst brauche und ab und zu allein sein muss, dann muss ich einen Weg finden, wie ich beides unter einen Hut bringen kann – zum Beispiel, indem ich meine eigene Wohnung behalte.

Von Zeit zu Zeit sollte ich überprüfen, ob sich meine Bedürfnisse und Wünsche möglicherweise verändert haben. Und wenn ich das feststelle, muss ich meine Lebenssituation meinen neuen Erkenntnissen anpassen. Vielleicht merke ich ja, dass ich mit zunehmendem Alter gar nicht mehr so gern allein bin und mich zum Beispiel nach Kindern sehne, dann muss ich einen Weg finden, diese neuen Wünsche zu meiner Realität werden zu lassen. Also auch hier gilt: Meine Wünsche, meine Gedanken formen meine Realität.

Ob meine Wünsche wirklich meinem tiefsten Innern entspringen, erkenne ich nur, wenn ich sie an der Wirklichkeit überprüfe. Wenn ich also in einer festen Beziehung bin und glaube, allein wäre ich viel glücklicher, dann sollte ich es ausprobieren. Vielleicht stimmt es, vielleicht auch nicht. Wenn ich allein bin und glaube, in einer festen Beziehung viel glücklicher sein zu können, dann sollte ich es ausprobieren. Vielleicht stimmt es, vielleicht auch nicht. Wie die Engländer sagen: „The proof is in the pudding." Soll heißen: Probieren geht über studieren.

Der Traum vom Wohnmobil

Das gilt für alle Lebensbereiche. Ein Beispiel aus meinem Bekanntenkreis: Einer meiner Bekannten jammerte seiner Frau seit Jahren die Ohren voll, er müsse sich unbedingt ein Wohnmobil kaufen und damit um die Welt reisen. In seinem Kopf war dieses Hirngespinst zu einer regelrechten Besessenheit geworden und er war überzeugt, dass er ohne sein ersehntes Wohnmobil niemals glücklich sein könnte. Schließlich hatte seine Frau die Nase voll, sprang über ihren Schatten und sagte: „Dann miete dir doch eins. Dann weißt du, ob du wirklich damit glücklich wirst."

Aber nein: Mieten war ihm nicht gut genug, er musste sein eigenes Wohnmobil besitzen. Also erlaubte sie ihm, sich eines zu kaufen. Überglücklich ging er los, kaufte sich sein Traummobil, nahm unbezahlten Urlaub und machte sich daran, um die ganze Welt zu fahren. Jahrzehntelang hatte er davon geträumt, jahrzehntelang hatte er dafür gespart, jahrzehntelang hatte er seine Frau und alle seine Bekannten damit genervt – und was geschah dann? Nach drei Monaten war er wieder da. Er hatte nämlich gemerkt, dass ihm das Leben auf der Straße überhaupt nicht zusagte.

Hätte er es aber nicht getan, hätte er noch weitere Jahrzehnte davon geträumt, weiter gespart und weiter alle anderen damit genervt. So konnte er diesen Traum wenigstens begraben und sich wieder auf andere Dinge konzentrieren.

Wo ist das Glück zu finden?

Im Buddhismus lernt jeder Anfänger, dass wir häufig Dingen hinterherlaufen, von denen wir uns erhoffen, dass sie uns glücklich machen werden, die uns aber gar nicht glücklich machen. Ja, es ist eine buddhistische Grunderkenntnis, dass Dinge uns gar nicht glücklich machen können – ganz gleich, um was es sich dabei handelt.

> Dinge sind immer außen, aber Glück ist –
> wie ich selbst erfahren durfte – immer innen.

Glück ist eine innere Einstellung, die nach der buddhistischen Auffassung nichts mit den äußeren Umständen zu tun hat. So sehr wir auch materiellen Dingen wie Autos, Häusern, dicken Bankkonten oder Schmuckstücken oder ideellen Dingen wie Erfolg, Status, Anerkennung oder Ruhm hinterherlaufen mögen, irgendwann müssen wir doch erkennen, dass sie uns nicht glücklich machen können. Denn Dinge sind immer außen, aber Glück ist – wie ich selbst erfahren durfte – immer innen.

Ich durfte aber auch erfahren, dass dies nur ein Teil der Wahrheit ist – besser und genauer gesagt, nur ein Teil *meiner* Wahrheit. Für mich ist die ganze Wahrheit, dass ich, wenn ich im Innern eine Erkenntnis gefunden und sie dann im Außen umgesetzt habe, tatsächlich glücklich bin. Dann bin ich sozusagen „rund“. Dann bin ich mit mir selbst und mit der Welt im Einklang.

Viele Menschen suchen nur im Außen ihr Glück und werden es dort niemals finden. Andere suchen nur im Innern ihr Glück, verschließen sich vor der äußeren Welt und ziehen sich in den Himalaja, in ein Kloster oder einen Ashram zurück. Manche werden dort auch glücklich, aber viele brechen dieses Experiment wieder ab, da dies für die meisten Menschen – auch für mich – kein gangbarer Weg zum Glück ist.

> Ich glaube nicht, dass wir in diese Welt hineingeboren worden sind, um uns komplett von ihr zurückzuziehen.

Viele Menschen ziehen sich auf der Suche nach Glückseligkeit zurück, verharren nur noch in der Meditation und schauen nur noch nach innen, aber ich glaube nicht, dass wir in diese Welt hineingeboren worden sind, um uns komplett von ihr zurückzuziehen.

Für manche mag dies ja möglicherweise durchaus der Weg zum Glück sein, aber es ist nicht MEIN WEG. Für mich geht es immer darum, die richtige Mischung zwischen Weltlichem und Spirituellem, zwischen Geist und Materie zu finden – eben den Weg der goldenen Mitte.

Werden die Saiten einer Gitarre zu straff gespannt, reißen sie und erzeugen beim Reißen einen hässlichen Misston. Und sind sie zu lasch gespannt, kann man auf ihr überhaupt nicht spielen. Spannt man sie aber genau richtig, kann man mit ihnen wunderschöne Töne erzeugen, an denen nicht nur der Gitarrenspieler, sondern auch die Zuhörer Freude haben.

Ich habe aus den Erfahrungen meines Lebens gelernt, dass es für mich sinnvoll ist, mich öfter einmal zurückzuziehen, nach innen zu schauen und Erkenntnisse zu gewinnen, die ich dann in der äußeren Welt umsetze. Das ist MEIN WEG.

Ausklang und Ausblick
oder
Ost und West, Göttliches und Weltliches

Die alten Vorstellungen vergangener Zeiten haben schon lange ausgedient und helfen uns in der modernen Welt nicht mehr weiter. So wie die meisten Menschen – aber interessanterweise längst nicht alle – nicht mehr daran glauben, dass die Erde eine Scheibe oder der Papst unfehlbar ist, so glauben auch immer mehr Menschen nicht mehr daran, dass man dem weltlichen Leben entsagen muss, um ein spirituelles Leben zu führen.

Heute stellt sich für mich nicht mehr die Frage, ob ich eine Karriere haben oder mich spirituell weiterentwickeln will. Es stellt sich nicht mehr die Frage, ob ich als spiritueller Mensch überhaupt Geld verdienen darf. Die Antwort, die ich für mich gefunden habe, heißt nicht „entweder oder", sie heißt „und"; sie heißt nicht „die anderen" oder „ich", sie heißt „wir".

Die Antwort, die ich für mich gefunden habe, heißt nicht „entweder oder", sie heißt „und"; sie heißt nicht „die anderen" oder „ich", sie heißt „wir".

In der neuen Spiritualität des 21. Jahrhunderts verbinde ich nicht nur Ost und West, nehme nicht nur das Beste aus beiden Welten, ich habe mich auch von dem alten Dogma verabschiedet, demzufolge ich mich entweder für das Göttliche *oder* für die Welt entscheiden muss. Ich habe erkannt, dass ich mich für das Göttliche *und* das Weltliche entscheiden darf.

Wir müssen nicht länger zwischen Geist und Materie wählen und das eine auf Kosten des anderen vernachlässigen, wir dürfen Geist und Materie als die zwei Seiten der einen Medaille erkennen und jede Seite für ihre besonderen Eigenschaften schätzen.

Wir müssen nicht wie Buddha unsere Familien verlassen, um unser Seelenheil im Dschungel unter wilden Tieren oder wie Jesus und Mohammed in der Wüste zu suchen, wir verbinden Familie mit geistiger Entwicklung. Wir verbinden Karriere mit Erleuchtung. Ich verbinde drei Whisky-Cola mit Spiritualität. Und ja, es darf dabei auch gelacht werden!

Mein Dank gilt all denen, die eine Vision haben und trotz aller Widrigkeiten „am Ball“ bleiben und viele Mühen auf sich nehmen, um diese Vision umzusetzen und ihre Realität daraus zu erschaffen. Es ist oft nicht leicht, auf dem stürmischen Meer des Lebens seine Vision eines „besseren Seins“ lebbar und erlebbar zu machen. Und gerade daran scheitern die meisten. Wir erwarten allzu oft, dass uns die sogenannten „Lehrer“ Vorbild in allen Lebensbereichen sind und alles, was sie sagen, auch täglich, ja minütlich leben.

Doch auch sie „leben“. Auch sie sind nur Menschen, die ihren Weg gehen und dabei Fehler machen, aus denen sie lernen. Auch sie durchleben Krankheiten, die ihnen Zeichen sein wollen, etwas in ihrem Leben zu verändern, und müssen sich mit ihnen auseinandersetzen, weil sie ihnen zeigen, dass sich Körper, Geist und Seele nicht im Einklang befinden.

Unsere Aufgabe besteht unter anderem darin, die eigene Vision nicht aus den Augen zu verlieren, sondern dranzubleiben, bis sich diese Vision realisiert hat. Dabei ist es gleichgültig, ob es bei dieser Vision um bessere Gesundheit geht oder um ein besseres und authentischeres Leben, ob wir entspannter, liebevoller, umgänglicher, hilfsbereiter, freundlicher, einfühlsamer oder was auch immer sein möchten.

Tragen Sie doch hier die Worte ein, die beschreiben, wie IHRE VISION von einem besseren und erfüllteren Leben aussehen soll. (Und hier dürfen Sie erst mal ganz „egoistisch" sein und nur an sich denken. Den Weltfrieden heben Sie sich bitte für später auf.)

____

____

____

____

Mein Dank gilt all denjenigen, die sich nicht vom „Weg" dorthin abbringen lassen. Denn, wie gesagt: Es geht darum, ihn zu gehen.

Herzlichst
Ihr Udo Grube

Weitere Informationen finden Sie unter
www.horizonworld.de

Hinweise auf in diesem Buch erwähnte Medien sowie weiterführendes Material

Literatur

Bach, Richard: *Die Möwe Jonathan.* Ullstein Verlag, Berlin 1998

Bach, Richard: *Illusionen. Die Abenteuer eines Messias wider Willen.* Ullstein Verlag, Berlin 1989

Byrne, Rhonda: *The Secret – Das Geheimnis.* Goldmann Verlag, München 2007

Dispenza, Joe: *Schöpfer der Wirklichkeit. Der Mensch und sein Gehirn – Wunderwerk der Evolution.* Koha Verlag, Burgrain 2010

Emoto, Masaru: *Die Antwort des Wassers.* Band 2, Koha Verlag, Burgrain 2003

Emoto, Masaru: *Die Botschaft des Wassers.* Band 1, Koha Verlag, Burgrain 2002

Franckh, Pierre: *Wünsch dich schlank: 11 Schlüssel zum idealen Wunschgewicht.* Koha-Verlag, Burgrain 2010

Franckh, Pierre: *Wünsch es dir einfach – aber richtig.* Koha-Verlag, Burgrain 2007

Goleman, Daniel: *Die heilende Kraft der Gefühle: Gespräche mit dem Dalai Lama über Achtsamkeit, Emotion und Gesundheit.* DTV, München 2000

Hesse, Hermann: *Siddhartha: Eine indische Dichtung.* Suhrkamp Verlag, Frankfurt 2007

Hicks, Esther und Jerry: *Ein neuer Anfang. Das Handbuch zum Erschaffen deiner Wirklichkeit.* Ansata Verlag, München 2004

Kuby, Clemens: *HEILUNG – das Wunder in uns: Selbstheilungsprozesse entdecken.* Kösel Verlag, München 2005
Kuby, Clemens: *Unterwegs in die nächste Dimension. Meine Reise zu Heilern und Schamanen.* Goldmann Verlag, München 2008
Miethe, Manfred: *Meditation. Wege zu innerem Frieden.* Urania Verlag, Neuhausen 1998
Miethe, Manfred: *Wege zum Buddhismus. Rat, Klarheit und Inspiration.* Urania Verlag, Neuhausen 2002
Millman, Dan: *Der Pfad des friedvollen Kriegers: Das Buch, das Leben verändert.* Ansata Verlag, München 2009
Mohr, Bärbel: *Bestellungen beim Universum. Ein Handbuch zur Wunscherfüllung.* Omega Verlag, Aachen 2004
Murphy, Michael: *Der QuantenMensch. Ein Blick in die Entfaltung des menschlichen Potentials im 21. Jahrhundert.* Integral, München 1994
Oriah Mountain Dreamer: *Die Einladung*, Arkana Verlag, München 2010
Russell, Peter: *Im Zeitstrudel. Die atemberaubende Erforschung unserer Zukunftschancen.* Integral Verlag, München 1994

DVDs

Bleep – Down the Rabbit Hole. (Quantum Edition, 4 DVDs) Horizon Film, Stuttgart 2007
Bleep – Kongress 2007. Horizon Film, Stuttgart 2009
Bleep – Kongress 2008 (4 DVDs) Horizon Film, Stuttgart 2009
Byrne, Rhonda: *The Secret – Das Geheimnis.* Horizon Film, Stuttgart 2007
Dalai Lama Renaissance. Horizon Film, Stuttgart 2009

Dispenza, Joe: *Evolve your Brain – Verändern Sie Ihr BewusstSein*. Horizon Film, Stuttgart 2010

Franckh, Pierre: *Wünsch es dir einfach*. Horizon Film, Stuttgart 2008

Goswami, Amit: *The Quantum Activist*. Horizon Film, Stuttgart 2010

Clemens Kuby: *Living Buddha*. Mind Films, Garching 2006

Clemens Kuby: *Unterwegs in die nächste Dimension*. Mind Films, Garching 2004

Dan Millman: *Peaceful Warrior – Der Pfad des friedvollen Kriegers*. Horizon Film, Stuttgart 2009

Toni Hagen – Der Ring des Buddha, Horizon Film, Stuttgart 2009

Water – Die geheime Macht des Wassers. Horizon Film, Stuttgart 2010

What the bleep do we (k)now? (Premium Edition DVD) Horizon Film, Stuttgart 2006